NBA

体育运动联盟如何扣篮商业王国

THE NBA STORY

How the Sports League Slam-Dunked
Its Way into a Global Business Powerhouse

[美] 里奇·明策（Rich Mintzer）
　　埃里克·明策（Eric Mintzer） 著

高杨 译

电子工业出版社
Publishing House of Electronics Industry
北京·BEIJING

THE NBA STORY: HOW THE SPORTS LEAGUE SLAM-DUNKED ITS WAY INTO A GLOBAL BUSINESS POWERHOUSE by RICH MINTZER and ERIC MINTZER published by arrangement with HarperCollins Leadership, a division of HarperCollins Focus, LLC.
本书中文简体字版权独家授予电子工业出版社。未经许可，不得以任何手段和形式复制或抄袭本书内容。

版权贸易合同登记号　图字：01-2021-1860

图书在版编目（CIP）数据

NBA：体育运动联盟如何扣篮商业王国 /（美）里奇·明策（Rich Mintzer），（美）埃里克·明策（Eric Mintzer）著；高杨译 . -- 北京：电子工业出版社，2022.1
书名原文：The NBA Story: How the Sports League Slam-Dunked Its Way into a Global Business Powerhouse
ISBN 978-7-121-41812-9

Ⅰ.①N… Ⅱ.①里…②埃…③高… Ⅲ.①NBA—体育产业—产业发展—研究 Ⅳ.①G841.9

中国版本图书馆 CIP 数据核字 (2021) 第 177944 号

责任编辑：张振宇
文字编辑：杜　皎
印　　刷：北京联兴盛业印刷股份有限公司
装　　订：北京联兴盛业印刷股份有限公司
出版发行：电子工业出版社
　　　　　北京市海淀区万寿路 173 信箱　　邮编：100036
开　　本：880×1230　1/32　印张：6.5　字数：166.4 千字
版　　次：2022 年 1 月第 1 版
印　　次：2022 年 1 月第 1 次印刷
定　　价：68.00 元

凡所购买电子工业出版社图书有缺损问题，请向购买书店调换。若书店售缺，请与社发行部联系，联系及邮购电话：(010) 88254888，88258888。
质量投诉请发邮件至 zlts@phei.com.cn，盗版侵权举报请发邮件至 dbqq@phei.com.cn。
本书咨询联系方式：(010) 88254210，influence@phei.com.cn，微信号：yingxianglibook

致 谢

我要感谢ABA的联合创始人乔·纽曼、女子篮球作家和专家乔安妮·兰宁、NBA国际篮球运营部高级副总裁金·博哈尼接受采访,为本书提供信息。我还要感谢埃里克·明策参与本书的调研、撰稿并提供相关帮助,还有我的妻子卡萝尔的支持。另外,我还要感谢哈珀柯林斯领导力出版社和凯文·安德森联合公司同意我写NBA——一个我为之努力多年的商业集团——的故事。

——里奇·明策

1949年 BAA（全美篮球协会）和NBL（全国篮球联盟）合并成立（美国）国家篮球协会（NBA）。

1950年 哈林篮球队的球员查克·库珀·劳埃德和纳撒尼尔·"甜水"·克利夫顿，还有西弗吉尼亚州立大学的厄尔·劳埃德成为NBA首批非洲裔美国球员。

1954年 NBA与美国全国广播公司签订第一个大型电视转播协议。

1960年 湖人队搬迁到洛杉矶，成为NBA在美国西海岸的第一支职业篮球队。

1966年 NBA扩张到芝加哥（公牛队成为芝加哥的第三支职业篮球队）。

1967年 NBA扩张到圣地亚哥和西雅图。

1968年 NBA扩张到密尔沃基和菲尼克斯。

1970年 NBA扩张到布法罗、克利夫兰和波特兰。

1971年 阿迪达斯与卡里姆·阿卜杜尔-贾巴尔签下第一个运动鞋品牌代言协议。

1974年 NBA扩张到新奥尔良。

2018—2019年
NBA营业收入达到80亿美元。

2016年
中国成为NBA第二大市场。

2004—2005年
NBA营业收入达到30亿美元。

1996年
WNBA成立。

2003年
NBA扩张到夏洛特。

1995—1996年
NBA联赛观众首次突破2000万人。

1994年
NBA扩张到温哥华和多伦多。

1992年
由迈克尔·乔丹、拉里·伯德、"魔术师"约翰逊等组成的第一支NBA梦之队参加在西班牙巴塞罗那举办的夏季奥运会（获得金牌）。

1988年
汤姆·钱伯斯成为NBA第一位不受限的自由球员。

1983—1984年
NBA联赛观众首次突破1000万人。

1979年
拉里·伯德和"魔术师"约翰逊加入NBA。

目 录

引 言 ··· 001

第一章 创立和起步阶段 ···················· 005

开展业务 ································· 008

莫里斯·波多罗夫 ························ 009

起步阶段 ································· 011

转移和收缩 ······························· 013

创新拯救了 NBA ·························· 014

改善 ····································· 018

球员工会 ································· 019

第二章 20 世纪 60 年代第一次伟大对决、扩张和签署电视转播协议 ··············· 025

向新海岸发展 ···························· 029

球员工会的新发展 ……………………… 030
J. 沃尔特·肯尼迪时代 ……………… 031
扩张 ……………………………………… 033
电视转播协议 …………………………… 036
卡里姆·阿卜杜尔-贾巴尔第一个为
　　运动鞋代言 ………………………… 038

第三章　主要竞争 …………………………… 043
ABA 的故事 ……………………………… 043
联盟分解 ………………………………… 046
竞争出人才 ……………………………… 048
海伍德规则 ……………………………… 051
合并 ……………………………………… 053
坚持立场 ………………………………… 054
离开我，记得我 ………………………… 059
ABA 的复仇 ……………………………… 061

第四章　发展 ………………………………… 067
从延迟播放到"魔术师"约翰逊 ……… 067
第二次伟大对决让 NBA 复苏 ………… 069
分享面包 ………………………………… 071
电视普及引发的变化和冲击 …………… 075

最终的比赛 ································· 078
　　大卫·斯特恩留下印记 ····················· 081
　　迈克尔·乔丹时代 ··························· 086

第五章　WNBA ································· 091
　　金融、人口统计和电视 ····················· 095
　　产品和球员 ································· 100
　　销售产品：女子篮球 ······················· 101
　　促销 ··· 104

第六章　走向全球 ······························ 111
　　全球营销和 NBA ··························· 114
　　梦之队 ······································ 116
　　下一次快速发展 ···························· 118
　　边界以北的扩张 ···························· 120
　　姚明来了 ··································· 122
　　国际球员继续加盟 ························· 125
　　篮球无疆界 ································· 128
　　全球篮球商业回顾 ························· 132

第七章　联赛停摆 ······························ 137
　　1998—1999 年联赛停摆 ················· 137

停摆之前 ································ 139
　　古尔丁继续前进 ·························· 142
　　需要讨论的问题 ·························· 146
　　决斗和结果 ······························ 148
　　影响 ···································· 150

第八章　最强盛时期 ······················ 155
　　新千年、湖人队、勒布朗和电视转播大单 ······ 155
　　选秀班最高等级 ·························· 159
　　起伏 ···································· 162
　　签名球鞋市场不断发展 ···················· 164
　　赞助 ···································· 165
　　NBA 的第一 ······························ 167
　　低谷 ···································· 170

结　语 ·································· 175
　　如今的 NBA ······························ 175
　　数字营销和社交媒体 ······················ 176
　　新"联盟" ································ 179
　　Jr. NBA 世界锦标赛 ······················ 180
　　NBA SWOT 分析 ··························· 181
　　NBA 的优势 ······························ 182

NBA 的劣势 …………………………………… 183
NBA 的机会 …………………………………… 184
NBA 面临的威胁 ……………………………… 185
商业经验和机会………………………………… 188

引言

1891年,大学教授詹姆斯·奈史密斯(James Naismith)寻找可以让学生在严寒天气玩的室内运动项目。他发明了一个游戏,让两组人争相将一个球投入桃篮。他万万没想到这个游戏有一天会成为在全球100多个国家和地区竞技的国际比赛项目。在奈史密斯抛出第一个球后仅45年,NBA(National Basketball Association,国家篮球协会①)成立了。70多年后,NBA联赛成为全球顶尖篮球联赛,与欧洲、亚洲、非洲、南美洲的一流篮球联赛难分高下。NBA球员来自世界各地,球迷也遍及全球。

NBA同时又是一家价值数十亿美元的企业,其盈利方式包括门票收入、广告费和电视转播收入。NBA还成立了其他一些联盟来推动篮球这项运动的包容性和多元化

---

① NBA中国官方译为"美国职业篮球联赛"。——编者注

发展。如今，NBA还通过全球性的社区活动以及培训和开发项目来拓展年轻球员和粉丝。

但是，NBA并不是一直像今天这样是商界成功的典范。在成立初期，NBA曾面临团队合并、观众上座率不高、球员因经济原因而缺乏斗志等问题。和很多初创企业一样，NBA面临无数挑战和场外问题。尽管有这些问题，NBA还是迎难而上，造就了一飞冲天的传奇。

本书将为你介绍NBA的故事，细数NBA将其联赛打造成国际知名赛事的场内场外的故事。

"有些人想成功，
　　有些人渴望成功，
　　　　有些人努力取得成功。"

——迈克尔·乔丹

第一章 创立和起步阶段

如今的NBA联赛精彩纷呈,拥有极受欢迎的年薪高达数百万美元的球员和每年盈利数十亿美元的电视赛事转播权。但和大多数企业一样,NBA在起步阶段也是如履薄冰。NBA创立初衷是希望篮球这种竞技运动能为在"二战"中发挥不可或缺作用的美国带来一些激情和喜悦。战争结束,战士凯旋,人们纷纷搬到乡下,正是发展一个专业的冬季室内联赛的时机,而篮球这种运动与在美国广受欢迎的夏季休闲运动棒球又不冲突。篮球这种运动是自然发展起来的,最初是在学校体育馆、操场、基督教青年会(YMCA)玩的一种游戏,之后逐渐出现高中和大学球队。篮球运动如今已经发展出了专业联赛,但NBA希望以前所未有的方式进一步将业务扩展到篮球以外的领域。

NBA 是企业合并的产物。早在 1946 年,因不同原因都在挣扎的互为对手的男子篮球联盟 NBL（全国篮球联盟）和 BAA（全美篮球协会）合并了。在 1949 年正式命名为 NBA 之前,这个组织连续三个赛季仍叫作 BAA。不过,NBA 现在的统计数据仍包含 BAA 最后的三个赛季,1946 年的合并被广泛认为是这个联盟的起点。

和其他企业不同,NBA 被认为是一个完全独立和自主管理的组织机构（有限公司）,其成员都是独立运营的企业模式的职业球队。1946 年,每支球队缴纳了 1 万美元的特许经营费。如今,加入 NBA 要缴纳 3 亿美元。

> **和其他企业不同,NBA 被认为是一个完全独立和自主管理的组织机构（有限公司）,其成员都是独立运营的企业模式的职业球队。**

这个联盟过去和现在始终按照章程和一系列构成会员之间契约关系的规章制度运作。这些会员是球队的老板,现在有时被称作总监。这些球队老板共同制定联盟章程和制度。NBA 章程详细规定了联盟的管理结构,包括球队老板、董事会和总裁的权利和责任。NBA 规章制度界定了联盟运作的框架，其中包含对球队和球员的要求。

联盟总裁由球队老板选举产生，有纪律处分权、争端解决权和决策权，其中包括任命其他官员和成立委员会的权利。球队老板和 NBA 第一任总裁共同拟定了 NBA 最初的规章制度。这些规章制度很大程度上建立在一些过去联盟和大学篮球队用过的制度之上。值得注意的是，NBA 在最初的赛季有工资帽，但经过一个赛季就取消了，将近 40 年没有再采用过。

联盟刚刚起步时，全部资金几乎都来自球队老板，问题几乎立即出现，这对企业合并来说并不稀奇。最明显的矛盾在于，虽然这两个联盟做的事情都是专业男子篮球赛事，但它们的市场却天差地别，一个是小城镇，一个是大都市。

NBL 成立于 1937 年，由当时一些大企业赞助的美国中西部球队组成，如印第安纳州安德森的一家肉类包装企业老板创立的安德森包装工队（Anderson Packers），以火石轮胎和橡胶公司的名字命名的位于俄亥俄州阿克伦的阿克伦火石队（Akron Firestone Non-Skids）。NBL 球队的大多数比赛都在小场地举行，观众也不多。比如，印第安纳波利斯奥林匹亚队（Indianapolis Olympians）在菲尔德豪斯球场比赛，而韦恩堡活塞队（Fort Wayne Pistons）在北区高中体育馆进行主场比赛。目前的NBA球队中有5支来自NBL。NBL对这次合并的贡献在于它提供了更有天赋、更知名的大学球员，而大学篮球赛事早已因20世纪20年代的巡回赛而享有盛名。

而BAA的球队主要在大球市比赛。它们在纽约尼克斯队（New York Knicks）的主场麦迪逊广场花园和凯尔特人队（Celtics）的主场波士顿花园球馆比赛。大球市是个加分项，尤其在本地营销中，它可以吸引更多观众。但是，BAA球队的比赛并不是NBL球队的水准。

当时的计划是让4支更有成就的NBL球队加入BAA来完成这次合并，同时让小球市的球星与在大球市上比赛的球队相互融合。这就意味着纽约或波士顿的观众能看到顶尖的年轻球星了（在他们的大学时代就很出名的明星），虽然他们不属于主场球队。

开展业务

新联盟于1946年11月1日在加拿大发布了自己的产

品。虽然这个时候该联盟从技术上讲是 BAA，但这次比赛被认为是第一场 NBA 比赛。这是纽约尼克斯队和多伦多哈士奇队（Toronto Huskies）之间的对决，比赛在枫叶园举行，7090 名观众前来观看。多伦多是著名的"冰球城"，这么多观众来看篮球比赛已经不少了。就连比赛场地枫叶园都是为这座城市的国家冰球联盟（NHL）命名的。体育专栏作家山姆·戈尔达普（Sam Goldaper）后来报道了这场比赛。他写道："那场比赛跟今天像芭蕾一样跳跃的 NBA 比赛没有相似之处。比赛发生在低分篮球比赛的时代，那个时代刚刚出现壮观的欢呼景象。球员的常规动作并没有拉杆式投篮和扣篮。问题的实质在于，当时的球员缺少起跳，也不会很好地起跳。当时没有 24 秒计时器，球队投篮的时间不限。跳起投篮是一个激烈的词，能够这样做的球员挑战了教练的固有观念，那就是当球员跳起来投篮时一定会有麻烦。"尼克斯队以 68∶66 的比分赢得联赛揭幕战。

莫里斯·波多罗夫

决定将两个联盟合并的人是莫里斯·波多罗夫（Maurice Podoloff)。波多罗夫是律师出身,在 BAA 成立之初就担任统帅。他还是美国冰球联盟总裁和纽黑文竞技场的创立者(在 20 世纪 20 年代中期与他的兄弟共同创立)。他在法律和房地产方面的知识要比体育运动更丰富,丰富的谈判经验让他在和不同个性的球队老板打交道时游刃有余。在两个联盟合并之后,波多罗夫担任新联盟的总裁。新联盟由 17 支球队组成,有 3 个赛区。其赛季从 10 月持续到第二年 3 月。每支球队的日程都排得满满的,要参加 62~68 场比赛,然后在 4 月参加季后赛。

波多罗夫在 NBA 任职 17 年,始终在帮助各球队老板保持经济偿还能力。1947 年,他启动了 NBA 选秀,从而保证每年有新的人才加入,还签署了首批电视转播协议。联盟签署的第一个电视转播协议是 1953 年与杜蒙特网(DuMont Network)签署的只转播一个赛季比赛的协议,接下来在 1954 年与美国全国广播公司签署了长期协议。

" **波多罗夫在 NBA 任职 17 年,始终在帮助各球队老板保持经济偿还能力。1947 年,他启动**

了NBA选秀,从而保证每年有新的人才加入,还签署了首批电视转播协议。联盟签署的第一个电视转播协议是1953年与杜蒙特网签署的只转播一个赛季比赛的协议,接下来在1954年与美国全国广播公司签署了长期协议。"

起步阶段

NBA不是一个新兴企业,它已经有专业男子篮球这个成熟的产品和小规模但稳定的球迷群体了。职业球队保留了大多数球员,其中有些已经有本地追随者了。联盟的办公室在纽约,由少量员工维持运营。球队老板保持各自的职业球队办公室,在联盟创立初期对前景看好,充满活力。一旦他们失去信心,就会彼此交换球员、卖掉球队、换主场或者彻底解散球队。

在创业早期,大学篮球队对联盟的冲击最大。在波多罗夫启动NBA选秀之后,因为大学联赛声名远播,可以为NBA输送人才,所以对NBA是有利的。选秀能够吸引那些看过大学球星新闻的球迷,使他们前来一探球星是否像新闻中说的那么优秀。

那些在大学时期就崭露头角,在当地声名大噪的NBA球星有多尔夫·谢伊斯(Dolph Schayes)、奈伊尔·约翰斯顿(Neil Johnston)、鲍勃·佩蒂特(Bob Pettit)和保罗·阿里金(Paul Arizin)。他们都在NBA早期表现出色,而另一位球员对这个运动项目产生了积极的影响,他就是乔治·麦肯(George Mikan)。他最初在BAA效力,后来转到NBA旗下的明尼阿波利斯湖人队(Minneapolis Lakers)。乔治·麦肯是NBA第一代传奇高个子,身高2.08米,体重110公斤,也是NBA第一位真正的超级明星。他不仅带领球队5次夺得冠军,而且所到之处总能吸引球迷前来。麦肯还开创了对高个子男球员投篮的培训(也就是麦肯培训),并且推动了NBA的一些规则修订。

尽管有麦肯的加入和球队良好的环境,联赛的总体门票销量还是在低位徘徊,尤其在小球市。在最初的几个赛季,没能签署任何大型电视转播协议来提高收入和助推发展。事实上,大学联赛比NBA联赛更有吸引力。很多大型场地被冰球、拳击和其他比赛占满。很多NBA球队很难预约到场地。

NBA主要依靠门票销售来维持生计,而波多罗夫和各球队老板不断尝试推销他们的产品。为宣传 NBA，波多罗夫雇用了在体育媒体界鼎鼎有名的 J. 沃尔特·肯尼迪（J. Walter Kennedy）。他曾在哈林篮球队担任宣传总监，负责全国和国际巡回赛的媒体宣传。

> " 在创业早期，大学篮球队对联盟的冲击最大。在波多罗夫启动 NBA 选秀之后，因为大学比赛声名远播，可以为 NBA 输送人才，所以对 NBA 是有利的。选秀能够吸引那些看过大学球星新闻的球迷，前来一探球星是否像新闻中说的那么优秀。"

转移和收缩

为增加上座率，很多球队老板将阵地转移到新市场，很多球队在找到永久主场之前换了很多地方。三城黑鹰队（Tri-City Blackhawks）在 1951 年转移到密尔沃基，希望有更好的上座率。由于结果不尽如人意，他们又在 1955 年转移到圣路易斯，在那里打了 13 年比赛，又转移到亚特兰大，延续至今。韦恩堡活塞队在 1957

年离开高中体育馆,转移到底特律的场地,延续至今。其他球队转移到了大球市,在那里得以发展或继续转移阵地。例如,罗彻斯特皇家队(Rochester Royals)由于盈利不足,开始在全国转换场地,首先来到辛辛那提,然后是堪萨斯城和奥马哈,最后来到萨克拉门托,更名为"国王队"(Kings)。

很多时候,当球队老板发现一个对职业篮球充满渴望的新市场时,他们就会将球队转移到那里。有时候,他们会遭遇惨痛失败。一些心怀不满的老板会转移主场,但无法找到一个有适合比赛的场地而且有利可图的城市。而卖掉一个刚起步的球队的特许经营权也很难。于是,有些球队老板很早就认输,认为损失小钱总比把身家绑在一个垂死挣扎的体育运动联盟上要好。NBA的收缩使球队从最初的17支锐减到第二赛季时的10支[算上巴尔的摩子弹队(Baltimore Bullets)是11支],在1955—1956赛季减少到8支球队。直到1970年,NBA才又恢复成立之初的17支球队。

创新拯救了NBA

精明的商人莫里斯·波多罗夫为NBA制订了强大的

商业计划。这个计划部分建立在著名管理顾问彼得·德鲁克（Peter Drucker）的智慧之上。他强调了解消费者需求的必要性。在 NBA 这个案例中，消费者就是球迷。他们想要看到这个国家最优秀的球员之间进行快节奏的比赛。为此，波多罗夫仍在寻求改善球迷体验的建议。

在乔治·麦肯的带领下，新联盟按照预期逐渐激发球迷的兴趣。除此之外，NBA 早期吸纳哈林篮球队（Harlem Globetrotters），也带来了很多球迷，这主要归功于 J. 沃尔特·肯尼迪。创立于 1926 年的哈林篮球队如今全球知名，它在 NBA 正式比赛之前的预赛时带着篮球和喜剧技巧上场。这支球队走到哪里都努力取悦球迷，NBA 也乐于让其为球场带来更多观众。

同样值得一提的是，1950 年，哈林篮球队的球员查克·库珀·劳埃德（Chuck Copper Lloyd）和纳撒尼尔·"甜水"·克利夫顿（Nathaniel "Sweetwater" Clifton），还有西弗吉尼亚州立大学的厄尔·劳埃德（Earl Lloyd）成为 NBA 首批非洲裔美国球员。库珀最初效力于凯尔特人队，克利夫顿之前在纽约尼克斯队，劳埃德在华盛顿首都队（Washington Capitals）。

意料之外的发展

有件事在 NBA 预期之外,但对它有利,那就是 1951 年震动整个体育界的波士顿大学篮球队让分丑闻。该丑闻涉及 17 个州的球队和众多比赛,包括季后赛。这件事导致大赛场的一系列大学篮球联赛被取消。

NBA 仍然没有盈利,其面临的最大问题已经超越了职业球队的选址或者在大型赛场安排主场比赛,以及与其他体育项目的竞争。NBA 的问题来自内部。NBA 是一个新企业,没有抓人眼球的产品。它的比赛有条不紊地进行,而球迷感觉很乏味。赛场上很少得分是一个大问题。各球队要领先,然后保持领先,抓住球,尽可能拖延时间,让球迷晕头转向。对球员来说,夺回球的唯一方式是迷惑对方球员,使其犯规,成功罚球后就可以夺回球了。如果罚球失败,也可以抢篮板球。这会让比赛变成无聊的罚球竞赛。

1950 年,韦恩堡活塞队战胜明尼阿波利斯湖人队,这是 NBA 史上比分最低的一次比赛。在这次比赛之后,

NBA陷入低潮。埃里克·纳德（Eric Nadel）在他的著作《威尔特·张伯伦获得100分那一晚：篮球过去的故事》（*The Night Wilt Scored 100: Tales from Basketball's Past*）中把这场比赛戏称为"韦恩堡活塞队冻结"。当时，韦恩堡活塞队客场挑战湖人队。湖人队有NBA最闪耀的明星乔治·麦肯和29场连胜的优秀战绩。活塞队想出了一个计划，那就是尽可能长时间抓住球，从而拖住对方。纳德写道："裁判无法让比赛加快速度，前半场结束时球迷暴怒，虽然这时湖人队以13∶11的比分领先。活塞队球员必须围着主教练穆雷·门登豪尔（Murray Mendenhall）从愤怒的球迷身边挤过去前往更衣室。"这场比赛以活塞队19∶18获胜结束。"波多罗夫要求球队老板和教练永远不要让这样的结果再发生。"纳德写道。

创新很有必要，必须采取一些措施来加快比赛进程。比赛急需一些刺激措施。1954年，易拉丘国民队（Syracuse Nationals）老板丹尼·比亚索恩（Danny Biasone）和他的总经理莱奥·费里斯（Leo Ferris）想出一个点子。持有球的一方必须在获得球后的24秒内投篮，否则将球传给另一方。球队老板投票赞成使用24秒规则。很少有规则变化或者产品变化能起到立竿见影的效果，但这一次情况发生了转变。第一场采用 24 秒规则的比赛以 98∶95 结束。比赛的节奏大幅改变，球迷很喜欢。球员都希望快速得分。他们在赛场上奔跑，相互传球，而不是抱着球不放了。简而言之，我们今天熟知的 NBA 篮球诞生于 1954 年，这一年球迷看到了这场运动发生了剧烈变化。比亚索恩和费里斯建立的这个简单的规则拯救了 NBA。

改善

和任何有前瞻性思维的企业一样，NBA 审视联赛的发展趋势，不时做出调整，从而吸引更多球迷。紧随 24 秒规则之后，NBA 又对其产品做了一些改善，修订了一些规则，其中有些是由明星球员发起的。他们的身材无形中带来了规则的调整。比如，1954—1955 赛季，三秒区被从 1.8 米增加到了 3.6 米。原因是乔治·麦肯可以伸出手去抓住罚球失误的球并投篮成功，他也可以站在篮板前拦住一切。

麦肯这个干扰投篮的家伙多年前从 NCAA（全国大学体育协会）入行，先后在全国篮球联盟和 NBA 效力。很明显，新企业都需要不断调整，NBA 也在必要时改进它的产品。

球员工会

当 NBA 的生存欲望突然变强，制定了 24 秒规则和其他一些新规定时，球员对场外的事情产生了一系列的担忧。

在 NBA 历史上，球员曾经没有每日津贴，没有最低工资，没有健康福利，也没有退休金。20 世纪 50 年代，球员的平均工资是 8000 美元左右。城际交通这类问题困扰着他们，球员常常要自己乘坐公交车或者火车去参加下一场比赛。

NBA 球员热爱篮球运动，但很明显，他们会表达对 NBA 不能提供福利待遇的失望。在 1954—1955 赛季，NBA 还处于成长期的时候，球员的工作稳定与否取决于每支球队是否稳定。NBA 的前球员之一鲍勃·库锡（Bob Cousy，效力波士顿凯尔特人队）认为是时候组建球员工会了。库锡知道，要实施这个计划，需要其他优秀球员的支持。因此，他去找其他球队的顶级球员，比如纽约尼克斯队的卡尔·布劳恩（Carl Braun）、易拉丘国民队的多尔夫·谢伊斯、费城勇士队（Philadelphia Warriors）的保罗·阿里金，来努力争取让球员都加入工会。这个计划最后得以实施，NBA球员工会（NBPA）成立了，这是美国第一个有组织的运动员工会。

在搜集了一些球员的不满意见之后，库锡整理了一份球员关注事项清单报给NBA的第一任总裁波多罗夫。波多罗夫和球队老板将这份清单搁置了近两年，直到库锡加入美国劳工联合会和工业组织大会（AFL-CIO）。这引起了波多罗夫的注意，但联盟还是过了很久才开始着手处理这件事。最后，球队老板和球员工会在1957年解决了球员提出的问题，包括提供7美元的每日津贴、合理的差旅费、增加季后赛席位，为在一个赛季中被交易到其他球队的球员提供搬家费用。尽管NBA球员工会取得了一些进展，但球队老板认真对待这个工会是在几年之后。库锡对球队老板对待工会的态度很失望，于是把目光转向队友汤姆·海因索恩（Tom Heinsohn）。他提出球员养老金的问题，遭到球队老板的拒绝。

进入20世纪60年代，球员的抱怨仍是让球队老板头疼的事。经过14年的发展，球队老板终于看到了他们期待的上升期，有些球队开始赚钱了。

证据藏在数字里

凯尔特人队在1956—1957赛季共有26万名观众（每场比赛超过1.05万人），而纽约尼克斯队在1959—1960赛季的观众总数达到了创纪录的33.5万人（每场比赛1.08万人）。NBA开始看到早期努力的成果了。联赛的观众从1946—1947赛季的100多万球迷（差不多每场比赛3000人）攀升到了1959—1960赛季的将近130万人（每场比赛超过5000人）。

"篮球是一项美丽的运动,
　5名球员上场比赛时
　　连心跳律动都是一致的。"

——迪恩·史密斯

第二章 20世纪60年代第一次伟大对决、扩张和签署电视转播协议

NBA早期的关注点是大球市和小球市、收缩、转移主场、与大学篮球队竞争、大改规则、球队老板和球员之间需要处理的矛盾冲突。20世纪60年代初，几乎每个职业球队都至少有一位球星。在艰难发展几年之后，比赛观众数量也从1950—1951赛季的每场刚过3500人增加到了1959—1960赛季的每场超过5000人。

进入20世纪60年代，NBA出现一个旗舰型职业球队。波士顿凯尔特人队是推动NBA发展的大球市队，观众上座率位居前列。10年来，该队在赢得冠军方面成就最大。在体育界，创建旗舰型职业球队充满挑战。其他特许加盟企业的产品几乎相同，可能只是在不同地区略有差别，而NBA的产品是受球员及球队的天赋驱动的，这就

意味着每个加盟球队天差地别。尽管如此，无论赛绩如何（一般指失败的赛季），大球市中的大部分球队还是能让球迷兴趣不减。

NBA的幸运之处在于，比尔·拉塞尔（Bill Russell）率领的旗舰型球队凯尔特人队有一件对任何职业体育运动联盟来说都是巨大利益的事——一场对决。费城勇士队不仅是大球市上值得重视的对手，还有超过2.13米高的传奇人物威尔特·张伯伦（Wilt Chamberlain）。在加入哈林篮球队开始全球巡回比赛之前，张伯伦在学生时代就已有不俗的成绩。

2.08米高的比尔·拉塞尔已经在1957年率领凯尔特人队取得一次冠军，而威尔特·张伯伦的新秀时期开始于1959年。1960年，拉塞尔与张伯伦的对决成为运动史上最受瞩目和最具讽刺意义的对决之一。这场强强对决吸引媒体铺天盖地的报道和无休止的争论，使费城和波士顿的赛场座无虚席。

两人无论在体能还是精力方面都势均力敌，而且都有强大的动力和取胜的决心。张伯伦是无与伦比的进攻机器，而拉塞尔是防守天才。两人都精于篮板球，在大学生涯都有傲人的战绩。

张伯伦率领堪萨斯大学队取得了42胜8负的战绩，场均得分近30分。而拉塞尔率领旧金山大学队取得55连胜和两次NCAA冠军，场均得到20.7分、20个篮板球。同时，他还是田径明星，在1956年奥运会上获得田径比赛冠军。在14年的NBA生涯中，张伯伦场均得分在30分以上，仅次于迈克尔·乔丹（Michael Jordan）；在1962年更是取得了令人难以想象的单场比赛100分的高分，这是难有人媲美的辉煌战绩。

> **在14年的NBA生涯中，张伯伦场均得分在30分以上，仅次于迈克尔·乔丹；在1962年更是取得了令人难以想象的单场比赛100分的高分，这是难有人媲美的辉煌战绩。**

有一个赛季，他每场平均得到50.4分，这是从未有人得到过的分数。张伯伦以11次获得"篮板王"称号在联赛中领先，与波士顿凯尔特人队单场比赛创下获得55分的纪录。

在13年的职业生涯中，拉塞尔连续10个赛季平均获得超过20个篮板球，4次在联赛中领先。13年间，他率领凯尔特人队11次获得世界冠军，其中包括作为教练的

3年中有两年夺得总冠军，在凯尔特人队执教时创造了162胜84负的纪录。在凯尔特人队和费城勇士队的对决中，拉塞尔率领凯尔特人队以87∶60赢得比赛。

这次两大高手的对决对NBA来说是一次重要的提升。NBA比赛门票不断被一抢而空，电视转播的收视率也非常高。这次对决也提高了联赛的观众上座率，球迷蜂拥前来目睹两位传奇超级球星在当地比赛的盛况。顶尖体育新闻记者争相报道两位巨星（合并报道或分别报道），使他们成为家喻户晓的体育明星，这些也宣传和推广了NBA。

■ 对决的赢家是

虽然张伯伦的很多个人成就超过拉塞尔，或者基本超过参加比赛的任何人，但两人在获得总冠军次数上的对比（11∶2）使拉塞尔在领导力方面的优势得以凸显。也许张伯伦惊人的个人技巧和拉塞尔的团队领导力可以从1961—1962赛季得到最好的体现，张伯伦场均得到50分，拉塞尔荣膺MVP（最有价值球员奖）。关于二人的争论直到今天仍没有停止。

向新海岸发展

一家企业往往会在其他企业或行业成功转型的激励下进行转型，NBA就是这样向美国西海岸发展的。在波多罗夫时代，NBA开始进行地理扩张，就像美国职业棒球大联盟在1957年做的那样，道奇队（Dodgers）和巨人队（Giants）从纽约分别转移到洛杉矶和旧金山。当时，明尼阿波利斯湖人队的老板鲍勃·肖特（Bob Short）在看到两大杰出棒球队取得成功之后，毅然决定西迁。在乔治·麦肯退役之后，明尼阿波利斯湖人队的发展步伐也变慢了。事实上，这支球队在场内场外都面临窘境，失去了很多比赛和收益。因此，1960年，NBA最杰出的球队之一明尼阿波利斯湖人队转移到了洛杉矶。

这次转移的另一个原因是美国职业棒球大联盟也将华盛顿参议院队（Washington Senators）转移到了明尼阿波利斯，明尼阿波利斯湖人队认为这会使自己面临太大的商业竞争。开始的时候，球队老板投票反对转移，但当时一个全新的联盟——美国篮球联盟（ABL）——也在计划将一支球队搬到天使之城洛杉矶。NBA 球队老板知道他们必须与对方竞争并取得胜利。因此，他们同意了这次转移，这就造就了美国篮球运动史上最具标志性的球队之一——洛杉矶湖人队。

尽管哈林篮球队的前老板阿贝·塞波斯汀（Abe Saperstein）是美国篮球联盟的共同创始人，而且美国篮球联盟的一支球队的老板是乔治·斯坦布伦纳，美国篮球联盟还是仅打了两个未见经传的赛季就解散了。

NBA 向西发展的想法仍然很吸引人。在湖人队做出这个重大决定几年之后，费城勇士队也搬到西海岸。在被一个旧金山商人买下后，勇士队收拾行装，搬到了加州北部，在旧金山安顿下来。这两支球队向西海岸的搬迁使 NBA 联赛扩展到全国各地，为在快速发展的西海岸体育市场吸引数百万新球迷奠定了基础。

球员工会的新发展

1963 年，莫里斯·波多罗夫在 NBA 掌舵 17 年后决定退休。J. 沃尔特·肯尼迪不久接任，成为 NBA 第二任总裁。他接手了一些重要的未解决的事项。其中最主要的是球员养老金问题，这也是球队老板和球员之间的持续争论点，让NBA左右为难。最后，在1964年波士顿全明星赛上，一切开始有了头绪。这次比赛对各方来说都很重要：为NBA联赛带来了全国电视转播机会，为球员提供了显露自己和所在球队的独特机会。球员利用这次机会为自己争取利益，声称如果不签署养老金协议就不参加比赛。很明显，如果全明星赛不能如期举行，双方都会损失巨大。那天下午，球队老板和球员代表之间举行了多次对话，而这时人们已经开始预测联盟最佳球员的年度赛季中期比赛结果了。

最后，在比赛开始前几分钟，新任NBA总裁J. 沃尔特·肯尼迪以个人名义担保下一次球队老板会上将通过养老金计划。球员们相信他，上场比赛，球迷很高兴，球队老板、联盟官方和美国广播公司都如释重负。

在接下来的球队老板会议上，球队老板们通过协商最终制订了球员养老金计划。

J. 沃尔特·肯尼迪时代

J. 沃尔特·肯尼迪担任NBA总裁后，NBA有9支球队，现场观众人数将近200万。而棒球联盟有20支球队，现场观众人数超过2000万。能获得电视转播的比赛不多。1963—1964赛季，当芝加哥西风队（Chicago Zephyrs）搬到巴尔的摩后，芝加哥就没有球队了。但是，NBA的产品是优质的，有杰里·韦斯特（Jerry West）、埃尔金·贝勒（Elgin Baylor）、奥斯卡·罗伯特森（Oscar Robertson），以及拉塞尔和张伯伦这样出色的球员。肯尼迪是公共关系专业出身，对从规模、上座率和质量上壮大联盟很有信心，同时深知棒球可能占据市场主导地位。

肯尼迪对篮球很熟悉。20世纪30年代，他在高中篮球队当过教练；20世纪40年代，先后在圣母大学和BAA任公关主任；20世纪50年代，在哈林篮球队任宣传总监。20世纪50年代，在担任家乡康涅狄格州斯坦福市的市长时遭遇一个很小的政治波折后，他被选举为NBA新总裁。在肯尼迪时期，NBA的两个最大的成就是进行扩张和签署电视转播协议。

篮球扩张激起人们广泛的兴趣，而电视转播协议的签署能够让球队盈利。NBA的球队老板继续密切关注棒球在大球市扩张的成功，其中包括1962年的洛杉矶天使队（Los Angeles Angels）和纽约大都会队（New York Mets）。

> **"** 在肯尼迪时期，NBA的两个最大的成就是进行扩张和签署电视转播协议。**"**

扩张

任何企业扩张总要考虑其中的利弊——对两者进行有效论证。一方面，很重要的一点是不能让新场所对现有场所的利益造成侵犯。NBA在20世纪60年代早期只有9支球队，所以这一点不是要考虑的问题。另一方面，弱队加入会削弱产品的吸引力，因为较弱的球队不会吸人眼球。尽管如此，NBA还是需要发展，寻找更有吸引力的市场。

扩张NBA有点儿难，因为球队老板必须投票决定是否吸纳新的职业球队加入联盟。新加入球队的加盟费用由NBA现有的球队老板均分，也就是说每支球队都能从NBA的扩张中获利。当然，更多球队加入就意味着更多的分配联盟收入的方式。和大多数企业不同，电视在

NBA扩张中发挥着重要的作用。电视收视率对快餐加盟店开业或者银行开新的支行没有什么意义，但专业运动联盟可以从签署电视转播协议中获得大量收入。NBA的球队越多，签的协议就越大。而在20世纪60年代初期，另外的担忧是，如果人们可以在电视上看到更多的比赛，就不会花钱买门票去现场看了。这是常有的事，其实一切都在于产品的品质。如果产品是一流的，那么就算有电视转播，人们还是会去现场观看。

20世纪60年代，加盟NBA的第一支球队是一支大市球队——芝加哥公牛队（Chicago Bulls）。这支球队在1966年以160万美元的费用加入NBA。公牛队是NBA在芝加哥的第三支职业球队，另外两支是主要在20世纪40年代参加比赛的公鹿队（Stags）和包装工队，也就是现在的华盛顿奇才队（Washington Wizards）。

公牛队加入NBA并不容易。在让篮球运动回到芝加哥的愿望的驱动下，迪克·克莱茵（Dick Klein）创立了芝加哥公牛队并成为第一任老板。他的故事已经载入芝加哥公牛队的历史。在西北大学参加篮球队之后，他加入NBL芝加哥美国齿轮队（Chicago American Gears），而后成为一名商人。当他提出让公牛队加入NBA的建议后，遭到其他球队老板的反对，但得到NBA总裁肯尼迪的支持。肯尼迪认为，芝加哥的球队会成为NBA的一笔资产。当时，美国广播公司的鲁尼·阿里基（Roone Arledge）也一边倒（支持芝加哥球队加盟），投票支持公牛队加盟。

1966—1967赛季，公牛队成为大前锋鲍勃·布泽尔（Bob Boozer）和资深助攻王盖伊·罗杰斯（Guy Rodgers，在8年前，张伯伦为勇士队取得100分的比赛中贡献了20次助攻）引领的季后赛中的唯一一支新加盟的球队。最初的球员名单里还有杰里·斯隆，他后来成为这支球队最成功的教练之一。

公牛队初战告捷之后，各球队很快开始在其后的4年里发展壮大。随着两大（转移的）加州球队向西海岸发展取得成功，勇士队和湖人队、圣地亚哥火箭队（San Diego Rockets，如今在休斯敦），以及西雅图超音速队［Seattle Supersonics，如今的俄克拉荷马城雷霆队（Oklahoma City Thunder）］在1967年加入NBA。密尔沃基雄鹿队（Milwaukee Bucks）和菲尼克斯太阳队（Phoenix Suns）紧随其后，在1968年加盟。克利夫兰骑士队（Cleveland Cavaliers）、波特兰开拓者队（Portland Trailblazers）、布法罗勇士队

[Buffalo Braves，如今的洛杉矶快船队（L. A. Clippers）] 在1970年加盟。新奥尔良爵士队（New Orleans Jazz，如今的犹他爵士队）在1974年加盟，是肯尼迪任期内加盟的最后一支球队。这时联盟共有18支球队，比20世纪50年代后期收缩之前多一支。与克莱茵交纳的160万美元的加盟费不同，爵士队老板交纳了615万美元的加盟费。

值得注意的是，对全球体育界（四大主要运动：棒球、足球、篮球和曲棍球）来说，20世纪60年代是扩张的有利时机。威廉·约翰逊（William Johnson）在发表于1969年12月的《体育画报》（*Sports Illustrated*）的文章中指出，四大主要运动的加盟球队从1959年的42支增加到1969年的87支，像国家冰球联盟和NBA这样的联盟的规模翻了一倍。

电视转播协议

NBA在1953—1954赛季前首先与杜蒙特网签署了电视转播协议。这份协议价值3.9万美元，包括13场比赛（在主场城市禁播）。随后，在20世纪60年代早期，NBA与美国全国广播公司签署了转播协议。在这之后，美国广播公司（ABC）加入，转播 NBA 联赛到 20 世纪 70 年代早期。随着签署协议数量的增加，获得电视转播的比赛也在增加，NBA 的收入随之增加。到肯尼迪在 1975 年卸任时，NBA 已于 1973 年与哥伦比亚广播公司（CBS）签署了 2700 万美元的 3 年转播协议。

20 世纪 60 年代，电视改变了体育运动的面貌，职业联盟和球员都从中获益，但也出现了一种担忧，那就是电视对真实的运动造成了太大的影响。比如，在篮球比赛中场休息时，电视台会安排特定的广告来满足不断增长的赞助商的需求。在 1967 年发表于《新闻周刊》（*Newsweek*）的文章《比赛休息》（*Breaks in the Game*）中，迪克·约翰逊指出，在跟费城 76 人队（76ers）比赛时，凯尔特人队教练比尔·拉塞尔拒绝为插播电视广告而中断比赛，因为这样有损士气。拉塞尔被罚款 50 美元。还有一些体育作家表达了反对立场，指出电视的影响可能损害比赛的神圣性。商业广告虽然会激怒球迷，但它们创造了收入，使更多的比赛得到转播。NBA 球队老板意识到了电视转播的不便之处，但这对不断增加的收入来说显得微不足道。球员的工资也因电视转播收入而增加，因此他们也并不为此感到担忧。

卡里姆·阿卜杜尔-贾巴尔第一个为运动鞋代言

如今，NBA从代言的产品中得到曝光度并获益，尤其是运动鞋方面。很多球员有自己的代言品牌。1971年，阿迪达斯发布第一款由球员代言的篮球运动鞋，这是体育界最著名的品牌代言事件。这个代言事件拉开了NBA超级明星与运动鞋企业之间建立价值数百万美元的合作关系的序幕。

第一个签署运动鞋代言协议的球星是卡里姆·阿卜杜尔-贾巴尔（Kareem Abdul-Jabbar）。他在率领密尔沃基雄鹿队在1970—1971第二赛季获得NBA总冠军后，把名字从刘易斯·阿尔辛多（Lew Alcindor）改为卡里姆·阿卜杜尔-贾巴尔。贾巴尔在1969年获得NBA选秀第一名之前就已经声名鹊起。他的大学经历包括率领加州大学洛杉矶分校篮球队获得NCAA联赛三连冠。和张伯伦及拉塞尔所处的时代不同，20世纪70年代初，在NBA扩张的基础上，更多的比赛在大球市传播，电视已经开始发挥举足轻重的作用。

> **"** 1971年，阿迪达斯发布第一款由球员代言的篮球运动鞋，这是体育界最著名的品牌代言事件。

这个代言事件拉开了 NBA 超级明星与运动鞋企业之间建立价值数百万美元的合作关系的序幕。"

其中一次全国转播的比赛是加州大学洛杉矶分校棕熊队（UCLA Bruins）和未来的 NBA 名人堂成员埃尔文·海耶斯（Elvin Hayes）率领的休斯敦大学美洲狮队（Houston Cougars）之间的具有传奇色彩的大学比赛。这是拉塞尔与张伯伦对决的大学版，被称为"世纪之赛"。比赛在休斯敦太空巨蛋体育场举行，现场观众有 5.2 万人。休斯敦大学美洲狮队获胜，终结了加州大学洛杉矶分校棕熊队 47 场连胜的纪录。但加州大学洛杉矶分校棕熊队在那个赛季后期与休斯敦大学美洲狮队的比赛中一雪前耻，赢得了全国冠军赛的冠军。这次比赛还让全国观众认识了两位未来的篮球名人堂成员，展示了电视推销 NBA 的力量，虽然这并不是电视转播最初的意图。

贾巴尔带着标志性的"天钩"绝技和迷人的笑容加入 NBA，多次赢得年度最佳新秀奖，成为 NBA 的门面，被阿迪达斯选为形象代言人，并推出了自己的签名球鞋。一年前，阿迪达斯决定通过推出 Superstar（超级明星）运动鞋来为 Supergrip 运动鞋助力，因此需要找一位超级明星代言，而那个时候贾巴尔已经是体坛炙手可热的人物了。阿迪达斯每年花2.5万美元请贾巴尔代言这款运动鞋。这款鞋在20世纪70年代迅速成为最热门的运动鞋之一。

贾巴尔与阿迪达斯之间的代言协议开启了篮球明星与球鞋企业合作的先河。在后文中，我们还将讲到运动鞋品牌与杰出的NBA超级明星之间签署的体坛最著名的运动鞋代言协议。

在此后20年中，贾巴尔成为NBA的重要球员，参加了创纪录的19场全明星赛，成为联赛史上的最佳得分手，6次获得MVP，6次获得NBA总冠军，被选入NBA名人堂。作为新人，埃尔文·海耶斯成为得分王，12次入选全明星赛，在结束16年职业生涯之后进入名人堂。

在1975年卸任NBA总裁时，J. 沃尔特·肯尼迪在从根本上改变和发展NBA方面发挥了重要的作用。NBA球队数量增加一倍，签了价值数百万美元的电视转播协议，比赛上座率增加三倍，收入翻了一番。唯一让肯尼迪和NBA苦恼的是一个在20世纪60年代发展起来的存活时间比肯尼迪任期还要长的篮球运动联盟对手。

"每个人都支持大卫,
　　没有人支持歌利亚。"

——威尔特·张伯伦

第三章 主要竞争

ABA 的故事

没有什么能像一个富有竞争力的新企业那样扰乱市场，而这就是 NBA 在 20 世纪 60 年代中期面对的事。那是 NBA 第一次面对重要而直接的竞争。没能如愿创立澳式橄榄球球队，后来成为世界曲棍球协会联合创始人的丹尼斯·亚瑟·墨菲（Dennis Arthur Murphy）与高级律师理查德·P. 迪克汉姆（Richard P. Tinkham）和广告大亨乔·纽曼（Joe Newman）共同成立了 ABA（美国篮球协会）。

ABA 创立之时正是国家橄榄球联盟（NFL）和美国橄榄球联盟（AFL）合并之时，这并不完全是巧合。很多体育专栏作家和分析师认为，最初的目标可能是合并

NBA 和 ABA，或者至少把一些球队转移到 NBA 旗下，因为加盟 NBA 需要更高的费用。

当 NBA 努力吸引大量球迷、紧跟大学篮球的步伐时，ABA 这个专业篮球联盟正在寻找优秀运动员，主要方式是在大学通过公平竞争选取，或者从 NBA 球队中选取，比如里克·巴里（Rick Barry）和比利·坎宁安（Billy Cunningham）。事实上，就像 ABA 的联合创始人乔·纽曼说的那样，"从一开始，ABA 就尽可能吸纳 NBA 重要球员，让每支球队有一位知名球员。他们认真研究了想要争取过来的那些球员"。

> **ABA 创立之时正是国家橄榄球联盟和美国橄榄球联盟合并之时，这并不完全是巧合。很多体育专栏作家和分析师认为，最初的目标可能是合并 NBA 和 ABA，或者至少把一些球队转移到 NBA 旗下，因为加盟 NBA 需要更高的费用。**

纽曼还解释了 ABA 如何运作："我的好朋友迪克汉姆在我在印第安纳波利斯的广告公司楼下开了一家律师事务所。在我培养从大型电影制片厂到体育界的重点客户的时候，迪克得到了一些优质客户，同时认识其他律师。他们手里有一些财力雄厚的客户，这些人可能对拥有一支球队很感兴趣。我们两个人和丹尼斯·亚瑟·墨菲一起邀请这些有钱的客户开了一个会，了解他们对建立一个新篮球联盟旗下的球队的兴趣。这些人都不是篮球这个领域的，只是一些商人，如货运大亨亚瑟·J. 布朗（Arthur J. Brown）和演艺界人士帕特·布恩（Pat Boone）和吉恩·奥特里（Gene Autry）。有些人认同迪克汉姆（后来加入了一个投资集团，这个集团拥有印第安纳步行者队）的想法，同意出资，也就是3万美元的加盟费。这些人创立了一个商业模式，但这个商业模式不很成功，之后他们建立了一个由11支球队组成的联盟，在1967年秋天开始比赛。"

最初的11支球队分属两个赛区，在（当时）NBA没有布局的城市落脚。东部赛区的成员有匹兹堡风笛手队（Pittsburgh Pipers）、明尼苏达梭鱼队（Minnesota Muskies）、印第安纳步行者队（Indiana Pacers）、肯塔基上校队（Kentucky Colonels）、新泽西美国人队（New Jersey Americans）。西部赛区的成员有新奥尔良海盗队（New Orleans Buccaneers）、达拉斯丛林队（Dallas Chaparrals）、丹佛火箭队（Denver Rockets）、休斯敦小牛队（Houston

Mavericks)、阿纳海姆朋友队（Anaheim Amigos）、奥克兰橡树队（Oakland Oaks）。当然，阿纳海姆朋友队、新泽西美国人队和奥克兰橡树队在地理位置上距离洛杉矶、纽约和旧金山的NBA球队很近。这些球队将尝试涉足那些大球市，虽然这意味着球迷想看现场比赛需要走更远的路程。

联盟分解

新联盟创立的初衷是抓人眼球。红白蓝三色相间的篮球、空中扣篮技巧、比赛暂停和中场休息时的啦啦队舞蹈都彰显了这一点。ABA还设计了大量宣传推广活动和小噱头来刺激球迷，让他们不断到现场观看比赛。比赛的节奏也很快。ABA的大多数规则和NBA大同小异，不同之处在于创造出了三分球，这对篮球这项运动来说是革命性的创举。

ABA的问题在于，如果要跟已经站稳脚跟的NBA抗衡，就要进行艰苦卓绝的努力。纽曼说："ABA没有签署任何全国性的电视转播协议，只有地方电视转播协议。没有电视转播和赞助是很难存活的。我们签了地方电视转播协议，但地方电视台和国家电视台是不可同日而语的。"

> **ABA 的问题在于，如果要跟已经站稳脚跟的 NBA 抗衡，就要进行艰苦卓绝的努力。纽曼说：'ABA 没有签署任何全国性的电视转播协议，只有地方电视转播协议。没有电视转播和赞助是很难存活的。我们签了地方电视转播协议，但地方电视台和国家电视台是不可同日而语的。'**

纽曼说："地方电视台只能平衡你的支出，无法为一支球队的发展提供支持，尤其是遇到差旅费这样的问题的时候。我们只能通过卖门票赚钱。"

尽管如此，ABA 还是有一流球员。明星球员现在可以选择在哪里比赛。各职业球队陷入联盟内部的抢人大战之中。很多年轻的球员很快进入 ABA，就像大学低年级学生进入联赛一样。他们中有"艰难的"例子斯潘塞·海沃德（Spencer Hayward），还有根本没上过大学的摩西·马龙（Moses Malone，他在高中就被招募进来了）。这是当时的 NBA 不允许的。

创立一个在球员未到 NBA 选秀年龄就开始抢人的新联盟可能还不会带来什么担忧，但 ABA 在雇用 NBA 前超级明星乔治·麦肯担任第一任总裁时发表了一份声明。当时，麦肯还住在明尼阿波利斯。他在当地开了一家旅行社，因此联盟的总部设在明尼阿波利斯。

竞争出人才

一个成功的企业要明白竞争会产生能够吸引消费者的产品。虽然 ABA 球队没有 NBA 球队厉害，但是有取悦大众的比赛风格和优秀的人才。

通过大学选秀、吸收前 NBA 球星、与美国业余体育运动联盟合作，以及 NBA 拒绝寻找第二个机会，使 ABA 拥有了想显露自己才华的球员。很多球员非常不错，足以让 NBA 老板思考如何应对这个年轻的后劲十足的体育运动联盟。

ABA 最优秀的球员之一是前 NBA 球星里克·巴里。他离开旧金山勇士队（San Francisco Warriors），先后在 ABA 的纽约篮网队（New York Nets）等 3 支球队打了 4 个赛季，创下 ABA 职业纪录——每场平均 30.5 分的成绩，后来因法律纠纷重新回到NBA。其他球星还有1970年加入ABA的丹·伊塞尔（Dan Issel）。他在1970年选秀中被ABA选中，带领肯塔基上校队获得总冠军，而后转会至丹佛掘金队（Denver Nuggets），并跟随丹佛掘金队进入NBA，开启了漫长的篮球职业生涯。

ABA最引人注目的大个子之一是2.18米高的阿蒂斯·吉尔摩（Artis Gilmore）。他和丹·伊塞尔组队获得了1975年的ABA冠军，后来加入NBA芝加哥公牛队，完成了杰出的职业旅程。"冰人"乔治·格文（George Gervin）是天生的投篮手。他最初效力于美国大陆篮球协会的庞蒂亚克丛林队（Pontiac Chaparrals），后与弗吉尼亚绅士队（Virginia Squires）的一名球探签约。他在ABA的职业生涯开始于1972年，一年后成长为年轻的球星。在被交易到圣安东尼奥后，他开启了辉煌的职业生涯。不久，他又从ABA转到NBA的马刺队（Spurs），在那里4次成为得分王。在这个时候，路易·丹皮尔（Louie Dampier）是ABA最著名的球员之一。他是最初的三分球之王。他在ABA的9年时间里投进了近800个三分球。

优秀球员还有篮球传奇球员之一的朱利叶斯·欧文（Julius Erving），即J博士。他在ABA开启了篮球名人生涯，在弗吉尼亚绅士队两次获得得分王称号，后来带领纽约篮网队在3年间两次获得ABA总冠军。在5年的ABA职业生涯中，他场均得到28分。他是最激动人心、最具有活力的球员之一。他可以毫不费力地从边界线处跃起大力扣篮。欧文赢了ABA在1976年发起的第一次大力扣篮比赛，之后在NBA的费城76人队效力11年，带领76人队获得1982—1983赛季冠军。欧文成为ABA的标志性人物的原因不是因为代言，而是因为其前所未有的比赛风格。他也是促成NBA和ABA合并的关键因素。

其他曾在ABA效力，后来为NBA做出贡献的球星还包括康尼·霍金斯（Connie Hawkins）、斯潘塞·海伍德、摩西·马龙和大卫·汤普森（David Thompson）。76人队的球星比利·康宁汉姆跳到ABA，后来又回到76人队，在那里结束了运动员生涯，成为一名主教练，带领76人队取得1982—1983赛季的总冠军。

当然，不是所有球员在各联盟之间跳槽都很顺利。事实上，球场（不仅是篮球场）见证了太多球员之间的厮杀。NBA的主管从不对外展示对ABA的过分在意。商业程序如常进行，高级联盟没有耍花招或者试图改变游戏规则来跟新的联盟竞争。整体感觉是，NBA只需维持稳定，提供一个可营销的产品,就可以打败 ABA。那些与体育运动联盟关系密切的人,如 J. 沃尔特·肯尼迪很清楚 NBA 球队和 NBA 需要多长时间才能盈利。因为 ABA 没有电视转播收入,所以 NBA 没有担心的必要。但是,球队老板还是不开心,尤其在共同努力尽可能利用自己的球员方面。

海伍德规则

两个专业联盟和 NCAA 之间的最重要的对决之一牵涉到一个名叫斯潘塞·海伍德的年轻球员。他在大学低年级时就与 ABA 签约了。海伍德在新秀赛季崭露头角,场均得到 30 分、19.5 个篮板球,带领丹佛火箭队夺得 ABA 西部赛区冠军,获得联盟 MVP 和年度新秀奖。NBA 和 NCAA 对一个专业联盟与大学低年级学生签约非常不满。

ABA 申请了困境特例,这就意味着它可以跟家境困难无法完成大学学业的球员签协议。NBA 无法控制 ABA 的规定,但知道这个规定会让事情变得更复杂,因为会有更多球员申请困境特例,终止学业去新联盟打专业比赛。丹佛火箭队以近 200 万美元的价格跟海伍德续签合同时（这个价格对新球员来说是闻所未闻的），NBA 非插手不可了。如果海伍德和他的律师没有意识到这笔钱的大部分将以养老金的形式发放（50 岁之后才能拿到）的话，他会愉快地在 ABA 待很多年。等待 30 年才能得到全部薪水，这不能让海伍德满意。西雅图超音速队争取海伍德加入，并以 150 万美元的价格与其签了 6 年协议，薪水不是以养老金的形式发放。

现在，海伍德身在 NBA，NBA 总裁 J. 沃尔特·肯尼迪把海伍德和西雅图超音速队告上法庭。海伍德和他的律师声称 NBA 违反了《谢尔曼反托拉斯法》。《谢尔曼反托拉斯法》在 1890 年制定，旨在打击商业垄断行为。

海伍德的律师指出，NBA 有垄断行为，因为 NBA 选秀活动有限制贸易的行为，因此违反了《谢尔曼反托拉斯法》。这个案子最初上诉到加利福尼亚中心区的美国地方法院。法院发出对海伍德有利的指令：

> 如果海伍德不能继续为西雅图超音速队打专业比赛，他将遭遇无法挽回的伤害，他的大部分职业生涯将消耗殆尽，他的身体条件、技能、协调性将由于缺乏高水准的竞技比赛而丧失，他作为超级明星的公众

形象将消失，从而影响他的职业和自尊心，他的自豪感将受到伤害，他将受到极大的不公正待遇。

NBA 上诉到第九巡回上诉法院。法院保留上述指令，暂时冻结该案。这个案件后来一路上诉到美国最高法院。最高法院在 1971 年以 7∶2 的投票结果判决海伍德胜诉。这个结果不仅造就了海伍德在西雅图超音速队的辉煌职业生涯，更重要的是，NBA 在这之后也采用了困境特例。球员只要证明家境艰难就可以以大学低年级学生或高中毕业生的身份进入 NBA。这就使科比·布莱恩特（Kobe Bryant）、勒布朗·詹姆斯（LeBron James）这类球员完全放弃大学学业，还有很多球员很早就从大学出来了。海伍德规则对 NBA 产生了巨大影响。

> **"这就使科比·布莱恩特、勒布朗·詹姆斯这类球员完全放弃大学学业，还有很多球员很早就从大学出来了。海伍德规则对 NBA 产生了巨大影响。"**

合并

1976 年，也就是 9 年后，ABA 运营艰难。不可避免的事终于变成现实。很多球员在 ABA 进进出出，很多比赛要付高价才能请到优秀的球员。NBA 和 ABA 都得到和失去了一些球员，而 ABA 没有盈利。有人认为 ABA 发展稳定，指出 NBA 也是用了 10 多年的时间才越来越受欢迎。现实问题是，在 20 世纪 70 年代中期，没有全国电视转播就无法维持一个体育运动联盟的生存。《新闻周刊》杂志注意到了 ABA 签刘易斯·阿尔辛多就是给自己敲了丧钟。抛开其他的问题不谈，ABA 有令人惊叹的天才球员和革命性的想法，但如果没有与其他篮球联盟合并，或者签署电视转播协议，大多数人都感觉它存活不了太久。

合并的想法几年前就开始被讨论了，也就是 ABA 第三个赛季之后。1970 年，NBA 各球队老板投票支持将两个篮球联盟合并。在靠超级电视转播合同获得数百万美元之前，他们不愿意向顶级球星支付巨额报酬。NBA 球员工会主席奥斯卡·罗伯特森牵头以反垄断为由控告 NBA，希望以此抵抗合并。解决这场阻挡合并的法律战花了整整 6 年时间。

坚持立场

在合并之前的 6 年里（1970—1976），NBA 坚信自己比刚起步的ABA有优势，而ABA坚持自己的立场。在1971—1972赛季之前，ABA和NBA在季前的全明星赛中相遇了。NBA以5分的微弱优势胜出。在之后的几年里，两个篮球联盟的球队在表演赛中相遇。1971—1975年，也就是二者合并之前的一年，各球队打了近100场比赛，其中ABA在60%以上的比赛中获胜。NBA既失望又兴奋，它原以为自己占据有利地位，却惊奇地发现在球场上遇到的对手水平不俗。NBA知道二者合并是早晚的事，觉得可以通过合并得到很多有价值的球员。事实上，在二者合并后的第一个赛季，参加全明星赛的24位球员有10位是前ABA球员。

因财务问题，很多球队在ABA进进出出（和NBA创立初期很相似），1976年仅剩的6支球队（当合并成为现实）是纽约篮网队、圣安东尼奥马刺队、印第安纳步行者队、丹佛掘金队、肯塔基上校队、圣路易斯精神队（St. Louis Spirits）。

NBA方面参加合并谈判的是首席律师大卫·斯特恩（David Stern），ABA方面是其联合创始人理查德·P. 迪克汉姆。"ABA球队没有一支盈利，如果不被NBA吸纳（NBA有电视转播协议），它们可能就要破产了。二者合并主要是受电视转播的驱动。"乔·纽曼解释。

美国哥伦比亚广播公司当时的总裁鲍勃·乌斯勒（Bob Wussler）与 NBA 重新协商了新的 4 年电视转播协议，头两年支付 2100 万美元，后两年支付 2200 万美元。如果有 4 支 ABA 球队被 NBA 吸纳，对方还额外付给 NBA 500 万美元作为奖励。

1976 年 6 月 18 日，NBA 球队老板在经历了数年关于合并的探讨之后，以 17 : 1 的投票结果通过了与 ABA 合并的决定。丹佛掘金队、印第安纳步行者队、纽约篮网队、圣安东尼奥马刺队都加入了 NBA，但没有被允许参加 1976 年的 NBA 大学选秀。

> **1976 年 6 月 18 日，NBA 球队老板在经历了数年关于合并的探讨之后，以 17 : 1 的投票结果通过了与 ABA 合并的决定。丹佛掘金队、印第安纳步行者队、纽约篮网队、圣安东尼奥马刺队都加入了 NBA，但没有被允许参加 1976 年的 NBA 大学选秀。**

"有两支球队没有加入 NBA，原因是实力不如其他球队。而且，NBA 只想按照电视转播协议约定的那样通过二者合并吸纳4支ABA球队。圣路易斯精神队没有加入NBA，因此各球队的老板们起诉了NBA。"纽曼说，"他们最后达成了不可思议的交易，可以永久获得将近5亿美元的收入。只要NBA持续运营，他们的收入就不会中断。"这个协议被广泛认为是NBA签署的最糟糕的协议之一。

"肯塔基上校队是另一支没有加入NBA的球队。这支球队有一些顶尖球员，由以约翰·Y. 布朗（John Y. Brown）为首的投资集团拥有。布朗从桑德斯上校手中买下了肯德基餐厅。他想出资加入NBA，但NBA的态度很明确，不能多于4支球队。"纽曼说。肯塔基上校队和圣路易斯精神队的球员通过分散草案被吸纳进NBA球队。在该草案中，肯塔基上校队的核心人物阿蒂斯·吉尔摩是第一个被芝加哥公牛队选中的球员。

当然，NBA严格规定球队加入必须达到特定的要求。这些规定是球队老板和联盟官员通过讨论得出的，旨在确保加入NBA的球队符合NBA的其他政策，并且财务状况稳定。其结果是NBA得到了4支新球队，斯特恩与迪克汉姆和其他代表球队老板利益的律师要应对一系列细节问题。比如，纽约篮网队必须支付给纽约尼克斯队480万美元作为进入纽约市场给对方的补偿。除此之外，每支

ABA 球队加入 NBA 都要支付 320 万美元。而纽约篮网队以 800 万美元的费用灰头土脸地加入了 NBA。纽约篮网队在首个 NBA 赛季开始前一天将朱利叶斯·欧文交易至费城 76 人队，然后又不得不补偿那些购票希望观看欧文和纽约篮网队比赛的观众。

乔·纽曼讲述了帮助印第安纳步行者队克服各种困难进入 NBA 的故事："步行者队要进入 NBA 必须保证赛季的门票大卖。当时，我有乔·纽曼广告公司。我们的客户之一是 ABA 的印第安纳步行者队。所以，我在这个过程中发挥了作用，帮助拯救了这支球队。这个故事从未公开过，我确实帮助过这样一支草根球队，帮助它快速卖出门票，达到 NBA 赛季的门票销售要求。我雇用了大约 25 名销售人员，包括卖鞋的、卖铝板的、卖地毯的，让他们穿着印第安纳步行者队的 T 恤衫，去卖比赛门票。他们走进这座城市的每栋写字楼和其他任何可以去的地方销售门票。当时，每场比赛门票的价格是 10～12 美元。这个临时销售团队的工资每日现结。他们每次卖出 40 张票，我们都会增加销售总量。我们在印第安纳波利斯的报纸上持续登出我们的销售总量。这些人卖出了成千上万张个人票。我们把这些票整合在一起构成了赛季门票的总数。他们做事持之以恒，有始有终——这就像让威利·洛曼（话剧《推销员之死》中的人物）出现在篮球门票上一样。当然，他们卖的是一个好产品——步行者队有一些优秀球员，包括乔治·麦克吉尼斯（George McGinnis）、梅尔·丹尼尔斯（Mel Daniels）和罗杰·布朗（Roger Brown）。他们多次获得 ABA 冠军。现在你可以观看他们与凯尔特人队和湖人队这样的 NBA 知名球队对决了。我的草根销售计划奏效了。我们以自己的方式让城市广场球馆座无虚席，帮助步行者队打开了进入 NBA 的大门。"

离开我，记得我

如今，NBA 仍能感受到 ABA 的影响，表现为三分球以越来越快的速度像雨点般落入篮筐，改变了原先的比赛风格。扣篮和三分球比赛是如今 NBA 全明星周末的特色。扣篮这个从 ABA 兴起的艺术形式在 NBA 中更加亮眼。NBA 运用促成企业合并的创造力，把重心放在 ABA 的一些最吸引球迷的亮点上。

斯潘塞·海伍德规则让年轻球员更早地进入 NBA 之中。

从企业的视角来看，与 ABA 的对决检验了 NBA 和球队老板的决心。老板和球员之间关系紧张，尤其是当牵涉进来的人等待奥斯卡·罗伯特森的上诉结果时。这次上诉让两大篮球联盟的合并延迟了 6 年。作为一个与新兴竞争对手竞争的老牌企业，NBA 明白自己有更多的资源可供利用，包括知名产品、球迷群体、更多的大球市球队。当 ABA 收缩时，NBA 的优秀球员毕竟比 ABA 能签约的优秀球员多。因此，尽管两大篮球联盟的关系紧张了近 10 年，最后 NBA 的计划还是成功实施了。监督比赛，维持产品的高品质，只有这样才能提高球迷对比赛的兴趣。NBA 知道合并一定会发生。对其来说，这只是如何发生和何时发生的问题。

> **"** 扣篮和三分球比赛是如今 NBA 全明星周末的特色。扣篮这个从 ABA 兴起的艺术形式在 NBA 中更加亮眼。NBA 运用促成企业合并的创造力，把重心放在 ABA 的一些最吸引球迷的亮点上。**"**

"如果 ABA 早成立 15 年或 20 年，在加入 NBA 时可能就会具有跟 NBA 一样的实力，"纽曼补充道，"NBA 唯一拒绝接受的是红白蓝三色相间的篮球。"这种篮球是眼睛近视的乔治·麦肯设计的。他曾说："让我们发动创造力，把球涂成红白蓝三色相间的样子吧，这样无论在包厢里还是在电视里都易于辨认。"

ABA 的复仇

让很多人大跌眼镜的是，在 2000 年，ABA 在 NBA 的"祝福"下重新成为一个半专业体育运动联盟。"事情就这样发生了，我偶然撞见了迪克汉姆。我已经 10 多年没见过他了。"乔·纽曼回忆道，"他问我在忙什么，我告诉他我卖掉了自己的广告公司，在 1983 年退休了。然后，我买下了 16 个广播电台，但不喜欢电台的发展方向，于是卖掉了这些电台，在 1998 年再次退休。我在这里停顿了一下。他问我是否愿意让 ABA 回来。我告诉他，我想让它回来，但不是回到过去的样子。它需要变得多元化，尤其对球队的管理，现在这还是个问题。你不应该成为迈克尔·乔丹、埃尔文·约翰逊（Earvin Johnson），或者像杰伊-Z（Jay-Z）一样拥有一支球队。我还想让它对球迷友好，比赛票价合理。我不想陷入集体协商事务中。"

> "在以5万美元的价格从NBA买下ABA这个名字的永久使用权后,纽曼和迪克汉姆准备建立新的ABA。新联盟在2000年开始运营。"

在以5万美元的价格从NBA买下ABA这个名字的永久使用权后,纽曼和迪克汉姆准备建立新的ABA。新联盟在2000年开始运营。20年后,ABA在美国有6个赛区,将近150支球队。首席执行官纽曼也使ABA实现了他寻求的多元化发展。"差不多75%的球队老板是非洲裔、亚洲裔、拉丁美洲裔或者女性。我们有杰出的球员。我们的联赛对球迷友好,票价合理。这是一个快节奏的、比赛激烈的篮球品牌。我们使用的规则是NBA、NCAA和国际规则的结合体。我们也制定了少量规则让ABA发展得更快、更吸引人。我们的商业模式是专业体育领域最好的商业模式,其中包含组织、培训、营销、售票/赞助、媒体/新闻发布、社区关系、实习、推广、销售计划、网络和社交媒体。所有的一切整合起来让我们的运营取得成功。"纽曼说。现在,80多岁的纽曼仍在执掌大局,并深深地爱上了这个事业。"我希望各支球队都取得成功。"他补充道。虽然一路走来充满意外,但全新的ABA不断发展壮大，每年都有新球队在美国各个城镇出现。目前，ABA在互联网上（ABA TV）提供比赛视频，还建立了澳大利亚ABA、墨西哥ABA和WABA（美国女子篮球协会）。

总而言之，ABA的传奇还在继续。

"我的成就两世享用不尽。我的成就是天才、努力和运气的总和。"

——卡里姆·阿布杜尔-贾巴尔

第四章 发 展

从延迟播放到"魔术师"约翰逊

尽管4支前ABA球队加入NBA并带来了一些优秀球员，20世纪70年代后期NBA还是出现了一定的下滑趋势。NBA的产品仍然是高质量的篮球比赛，但缺乏新的形象大使。朱利叶斯·欧文、乔治·格文、卡里姆·阿卜杜尔-贾巴尔和"手枪"皮特·马拉维奇（Pete Maravich）是能让球迷眼前一亮的明星，但他们从1979—1980赛季开始以来已经至少活跃8年了。球员吸毒的问题也日益严重。NBA为此制定了更严格的规定。此外，还有一些球队财务困难。扩张让NBA拥有了22支球队，但有些球队没有大明星，缺乏吸引力，因此训练营越来越少。令人惊奇的是,像芝加哥、纽约、洛杉矶、费城和加州这样球市的一些球队的观众正在流失。

NBA 和 ABA 竞相拉拢球员,球员的工资水平因此水涨船高。球星的高工资在体育界是不被广泛接受的。很多球迷不认可球员应该拿巨额工资的说法。由于球迷渐渐对 NBA 联赛失去兴趣,电视收视率下降了。就连身在大球市的 NBA 前明星球员和湖人队教练杰里·韦斯特都感到失去了激情。1979 年 2 月 26 日发表于《体育画报》的一篇文章引用了他的话:"在洛杉矶跟我聊过的人都说对湖人队或者 NBA 兴趣不大。"

这篇文章的作者约翰·帕帕奈克(John Papanek)也指出,拉里·奥布赖恩(Larry O'Brien,NBA 总裁)认为 NBA 是稳定的,因为各球队没有赔钱。文章指出:"稳定也可能意味着停滞不前,这就是公众吸引力的两大指标——观众上座率和电视收视率——表现出来的。两者都不尽如人意,这不禁让人提出关于这项运动的未来的严肃问题。"为证实这个观点,帕帕奈克给出了具体数据:全国电视收视率下降了 26 个百分点。"哥伦比亚广播公司转播的前四场常规赛季比赛受到其他电视节目的严重冲击,这些节目包括美国广播公司的超级明星和拳击、美国全国广播公司的大学篮球赛。"帕帕奈克写道。

很明显，NBA 存在问题，需要一些刺激。但是，不像其他企业可以回到研发阶段去创造新产品，NBA 的成功与否取决于挖掘新人、招募新人、选秀、签下最优秀的人才。这需要时间和一点儿运气——你不能打造出新的张伯伦与拉塞尔对决，或者寄希望于发现另一个卡里姆·阿卜杜尔-贾巴尔。而且，和 ABA 不同的是，NBA 不会用促销手段来吸引观众买票。简而言之，在 NBA 处理内部事务的同时（如对吸毒采取更强硬的措施，通过营销活动来扩大知名度等），它还需要助推力。

第二次伟大对决让 NBA 复苏

从 NBA 创立初期开始，杰出的大学球员就一直是推动这个联盟发展的基础。从某种程度上说，这类似更传统的企业研发流程。只是 NBA 当时没有找到培养年轻人才的好方法，那时候没有现在的全球篮球训练营和学校，因此不得不依赖大学选秀。

幸运的是，NBA 在两位将永久改变篮球面貌的全国大学体育协会球员身上看到了自己的未来。他们分别来自印第安纳波利斯韦斯特巴登温泉和密歇根州兰辛,最后在马萨诸塞州斯普林菲尔德发迹,被列入篮球名人堂。

"魔术师"埃尔文·约翰逊和拉里·伯德(Larry Bird)成为 NCAA 两位最著名的球星。1978—1979 赛季末期,伯德率领一号种子队印第安纳州立大学无花果队(Indiana State Sycamores)打出了 33 胜 0 负的好成绩。而约翰逊率领三号种子队密歇根州立大学斯巴达人队(Michigan State Spartans)打出了 25 胜 6 负的成绩。两人在 NCAA 锦标赛上的对决将大学篮球的热度推向了新高,约翰逊施展魔力率领斯巴达人队以 75∶64 的压倒性胜利战胜了伯德和无花果队。美国纽约尼尔森数据分析公司统计,当时的电视收视率达到了创纪录的 24.1。

在赛斯·戴维斯(Seth Davis)在 2009 年所著的《三月疯狂:改变篮球的游戏》(*When March Went Mad: The Game That Transformed Basketball*)一书中,大学篮球教练和评论员阿尔·麦奎尔(Al McGuire)说:"大学比赛已经在发射台上了,伯德和'魔术师'只是过来按了那个启动的按钮。"

> **" 大学比赛已经在发射台上了,伯德和'魔术师'只是过来按了那个启动的按钮。"**

伯德和约翰逊是 NBA 1979—1980 赛季的新人，这对对手的身价在大学冠军赛后发生了变化。和张伯伦、拉塞尔所处的时代不同，1980 年的电视普及率极大提升，数百万观众可以在电视上看到他们的对决。他们代言的机会也更多，可以快速成长为联赛的新主力，而 NBA 也准备好开展营销了。

分享面包

这两位超级球星不仅成为赛场上的传奇和家喻户晓的人物，他们还成为很好的朋友。两人的友情从 20 世纪 80 年代中期共同拍摄匡威运动鞋的广告开始。就像如今流传下来的故事描述的那样，他们在位于印第安纳州法兰西力克的伯德乡下老家附近拍摄商业广告时"一起分享面包"。当大家分头去吃午餐时，约翰逊走向他的拖车去吃东西，这时伯德追上他，请他去自己家吃饭。约翰逊高兴地接受了这位商业合作演员和长期对手的邀请。

他们来到了伯德妈妈的房子。她为他们做了午餐。两人在大学期间始终是针锋相对的对手，又为不同的 NBA 球队效力，各自有长期的球迷群体。各球迷群体势不两立。放下这一切很难,而且他们当时并不喜欢对方。而伯德妈妈的一个大大的拥抱和一顿家常便饭为两人破了冰,让约翰逊感到舒服和温暖。事实上,两个人从未真正坐下来有过交流。在聚光灯外,他们终于有机会在没有蜂拥的媒体和摄影师在身边的情况下好好交流一次了。虽然两人在赛场上还是对手,但在生活中却发展出了长久的友谊。

当他们踏上赛场时,就全力以赴为冠军厮杀。他们各自的特点不同,伯德是优秀的外线投手和篮板王,而约翰逊是优秀的控球队员和传球手,他通过尽可能撞击卡里姆·阿卜杜尔-贾巴尔来维持他的全场得分纪录。约翰逊依靠敏锐的洞察力担任四分卫,而卡里姆的存在让这位"魔术师"尝不到什么甜头。

在职业生涯末期,两人都在几乎同样多的比赛中获得惊人的比分(约翰逊共获得906分,伯德获得897分)。伯德场均得到24.3分、10个篮板球,有6.2次助攻,12次参加全明星赛并获得3次冠军;约翰逊场均得到19.5分、7.2个篮板球,有11.5次助攻,12次参加全明星赛并5次获得总冠军。两人均10次进入最佳阵容一队并入选篮球名人堂。

但是,两人的成绩并非只是体现于数字记录。从商业角度看，这对对手在各自所在的大球市乃至全美国都有宽阔的市场。伯德是来自小城镇的穷孩子，最后成长为波士顿这个以体育为魂、对球队和球员充满热爱的大城市的体育偶像。而约翰逊是城里的穷孩子，但充满亮点，是好莱坞和湖人队球迷心目中的理想人物。

伯德和约翰逊都没有想过被交易，两人都希望职业生涯在选秀的球队结束——这种忠诚在体育界很难得。

> **伯德和约翰逊都没有想过被交易，两人都希望职业生涯在选秀的球队结束——这种忠诚在体育界很难得。**

这些故事让 NBA 能够把这两位球员推销到美国的其他地方，让他们成为这个时代的标志性人物。两人所处的球队都将他们作为主力去赢得赛季冠军。

20 世纪 90 年代初，伯德开始出现背痛症状。在经历 13 年的职业生涯后，他宣布退役。约翰逊的职业生涯持续到 1991 年 11 月 7 日。当时，他发出骇人听闻的消息，称自己染上了艾滋病。在向媒体和全世界做出历史性的公开声明之前，约翰逊找来一些他认为和自己关系密切的人——其中包括拉里·伯德。约翰逊清楚表示他将战胜疾病。和其他人一样，伯德很震惊，他让约翰逊知道自己始终站在他这边。在约翰逊宣布该消息之后几分钟内，在消息还没有传到网上的时候，祝福的人和鼓励的声音涌入 NBA 办公室、湖人队办公室和各地的体育媒体办公室。约翰逊在 NBA 效力 13 年，在 1996 年短暂回到湖人队，然后永久退役了。30 多年后，约翰逊仍然很强壮，证实自己永远是冠军，无论是场内还是场外。他仍是标志性的传奇人物。他对 NBA 的影响从未消失。

拯救 NBA 的人

在篮球媒体网站 Fadeawayworld.com 在 2017 年 3 月发表的一篇文章中，记者山姆·贝多凯提（Sam Beidokhti）这样描述伯德和约翰逊：

"他们是拯救了 NBA 的人。当他们进入 NBA 时，决赛就已经被延期举行，联盟亏钱，看起来 NBA 似乎不行了。但是，伯德和约翰逊使 NBA 又有了可以回天的球星。这是可以大卖的故事。他们将 20 世纪 60 年代的内容融入 70 年代的风格，打造出一种值得欣赏的新产品。"

电视普及引发的变化和冲击

NBA与电视有长久的关系，在20世纪70年代，所有大型专业体育运动联盟都是如此。20世纪70年代中期，NBA联赛的电视收视率不能满足电视台在黄金时段的播放要求。除哥伦比亚广播公司在周日下午连续播出两场比赛外，NBA联赛在电视上的播放时间少得可怜。地方电视台转播NBA和大学篮球队的比赛，但大量的收入来源于全国性电视台。

在季后赛时，哥伦比亚广播公司决定延迟播放一些比赛，这样就不会占用黄金时段了。在后半夜延迟播放始于1976年，持续到20世纪80年代早期。由于球迷的兴趣降低，延迟播放使篮球比赛的收视率变得更低了。

电视台在控制电视转播比赛的时间上发挥着关键作用，今天也是如此。从20世纪70年代中晚期到80年代早期，体育赛事排期的差别在于产品有没有销路，这使哥伦比亚广播公司优先安排播放常规节目，而不是NBA赛事，而NBA也无力改变这种局面。但是，这一切不久将发生变化。

20世纪80年代早期出现了有线电视网ESPN（娱乐与体育电视网）和美国有线电视网（USA Network）。哥伦比亚广播公司开始意识到有其他渠道播放NBA比赛，因此在周日节目排期中尽可能频繁播出波士顿凯尔特人队或洛杉矶湖人队的比赛。1982年，所有的NBA决赛在黄金档播出，这是多年来的首次。这些比赛主要是湖人队的魔术师约翰逊和卡里姆·阿卜杜尔-贾巴尔与费城76人队的朱利叶斯·欧文和达瑞尔·道金斯（Darryl Dawkins）之间的对决。道金斯比贾巴尔矮7.6厘米、重11.3公斤，以蛮力著称，曾不小心击碎篮板。这些比赛里有球迷想看的球员。这也是美国东西海岸大球市球队的较量。

基于湖人队和凯尔特人队球迷的增加，NBA联赛的受欢迎度攀升，电视收视率持续上涨。伯德和约翰逊及其所在球队之间的对决让NBA重回以电视作为主要媒介展示产品的战场。此外，还有形象大使出现在一系列电视广告和各种脱口秀节目中。

> **基于湖人队和凯尔特人队球迷群的增加，NBA联赛的受欢迎度攀升，电视收视率持续上涨。伯德和约翰逊及其所在球队之间的对决让NBA**

重回以电视作为主要媒介展示产品的战场。此外，还有形象大使出现在一系列电视广告和各种脱口秀节目中。"

这个时候，在NBA掌舵的是第三任总裁拉里·奥布赖恩。他从政界进入NBA，在这个岗位上干了9年。奥布赖恩在1959年与约翰·肯尼迪共事，20世纪60年代中期与林登·约翰逊共事，曾在1972年在迈阿密举行的民主党全国代表大会中担任主席。他在华盛顿水门酒店有一个办公室，那里就是著名的"水门事件"的发生地。

在政界工作和牵涉进"水门事件"之后，担任NBA总裁对他来说是一个不那么富有争议的工作。NBA和ABA合并，与哥伦比亚广播公司签署电视转播协议等事宜在酝酿的时候，奥布赖恩正在NBA掌舵。他在动荡的20世纪70年代牢牢掌控着NBA。当伯德与约翰逊的对决让NBA重回正轨时，他也参与其中。

尽管20世纪70年代NBA的业绩下滑，奥布赖恩还是对其产生了积极影响。他建立了NBA奖学金项目，制订了反禁药计划，参与了1983年对工资帽的讨论（限制失去控制的工资）。1983年，奥布赖恩让位给大卫·斯特恩，后者的履历不像奥布赖恩那么充满戏剧性，只是在NBA工作了近20年。

斯特恩从1966年起担任NBA的外聘顾问，从1978年开始进入NBA执行委员会工作，因此了解NBA上上下下是如何运作的。他在包括NBA与ABA合并等一系列重大事件中与J.沃尔特·肯尼迪和拉里·奥布赖恩密切配合。斯特恩总是在为NBA获得最大的利益在努力，球队老板知道自己无须向外看，因为他们有一个强大的领导。斯特恩成为NBA的第四任总裁。

最终的比赛

担任总裁不久，斯特恩就会见了NBA的几位重要球员，其中包括迈克尔·乔丹、查尔斯·巴克利（Charles Barkley）和哈基姆·奥拉朱旺（Hakeem Olajuwon）。在他担任NBA总裁的第一个赛季结束时，凯尔特人队和湖人队在NBA总决赛上再次上演了经典的伯德与约翰逊对决。湖人队和凯尔特人队在20世纪50年代末、60年代初进行了多次较量。凯尔特人队取得了关键性的7次胜利，多次获得总冠军。

伯德和众多体育迷没有忘记经典的 NCAA 篮球决赛。当时约翰逊和密歇根州立大学斯巴达人队战胜了伯德和印第安纳州立大学无花果队,获得了大学锦标赛的冠军。他们已经准备接受公平的结果。湖人队在每次决赛中都败给凯尔特人队,但仍有不少支持者。他们以好莱坞队的样子用各种手段(包括恐吓)来对付所谓的波士顿工人球队。除伯德和约翰逊之外,还有很多优秀球员,比如湖人队的卡里姆·阿卜杜尔-贾巴尔、詹姆斯·沃西(James Worthy)、迈克尔·库珀(Michael Cooper),凯尔特人队的凯文·麦克海尔(Kevin McHale)、罗伯特·帕里什(Robert Parrish)、丹尼斯·约翰逊(Dennis Johnson)。还有著名的教练,如湖人队的帕特·莱利(Pat Riley)、凯尔特人队的 K.C. 琼斯(K.C. Jones),两人都进入了篮球名人堂。

系列赛是让人筋疲力尽的 7 场比赛,伯德和凯尔特人队在 NBA 决赛与湖人队的对决中 8:0 获胜。系列赛不仅满足了球迷的期待,还提升了球迷的兴趣,连普通球迷都迫不及待地来看这些有著名球星参加的比赛。

美国纽约尼尔森数据分析公司统计数据显示,系列赛收视率强劲,达到 12.1,有 2600 万名观众观看了比赛。拉里·伯德最终复仇成功。两支球队在后来的3年中相逢2次，湖人队均取胜，结束了凯尔特人队独占鳌头的时代。

湖人队和凯尔特人队在1987年第三次交锋的时候，决赛的收视率达到新高，将近16（也就是美国有16%的家庭观看了比赛）。NBA从电视普及中尝到了甜头，但直到20世纪80年代末联赛的收视率才达到观众必看节目的水准，NBA和哥伦比亚广播公司这个时候才可以站在同一个平面上让全国性比赛成为体育转播的主要内容，永远不回到不受重视的"延迟播放时代"。

> **系列赛是让人筋疲力尽的7场比赛，伯德和凯尔特人队在NBA决赛与湖人队的对决中8:0获胜。系列赛不仅满足了球迷的期待，还提升了球迷的兴趣，连普通球迷都迫不及待地来看这些有著名球星参加的比赛。**

甚至在伯德和"魔术师"约翰逊全盛的时代之后，凯尔特人队和湖人队又经历了几年的远距离对手模式。如今，随着体育评论电视节目在过去25年的兴起和发展，大量网站和体育竞赛（真实的或者虚构的）掀起了新的热潮。关于 NBA 球队和球员持续不断的争论和对比如今仍在媒体上演，从 ESPN 到推特，各大媒体成为 NBA 无成本的全天候促销机器。

作为一家企业，体育运动的价值之一是这种产品永远有人在讨论和用文章评论，问题在于对方在报道时有多么友好。媒体对 NBA 的描述从 20 世纪 70 年代的负面描述发展到大卫·斯特恩担任总裁后出现正面评价。这不仅是出于好运，还由于 NBA 不断努力让球员展现在球迷面前，无论场内还是场外，在比赛中还是在社区活动中。

大卫·斯特恩留下印记

当 NBA 处于上升期时，斯特恩抓住机会扩大收益来源，比如在各方面进行扩张——营销和品牌授权。"斯特恩和他的同事有非常广阔的视野。"哈佛商学院消费者营销学教授斯蒂芬·A. 格雷瑟（Stephen A. Greyser）说。他对记者格伦·里夫金（Glenn Rifkin）表示，NBA 在 20 世纪 80 年代初开始关注品牌资产，这个时候其他的体育运动联盟和大多数公司甚至还没有理解这个概念的重要意义。

为开展营销工作，斯特恩将 NBA 的员工扩充到 600 人以上，这些人是他志在把品牌做大的富有感召力的热情和愿望的受益人，而其他体育运动联盟在这个时候还没有行动。这样做意味着要跟零售商建立战略联盟关系，与电视公司重新建立和维持强大的联盟关系，还意味着为品牌形象大使提供支持。他们个人的交易能提高整个联盟的知名度。如同里夫金写的那样，"在与电视广播网络和像耐克这样的赞助商的共生关系中，NBA 不用自己出资就获得了无尽的广告和营销机会"。

斯特恩还通过社区推广等活动在场外提高 NBA 的知名度。他也是第一位改变 NBA 联赛内容的总裁。比如，全明星赛从一晚的比赛改成了 3 天的活动——"全明星周末"，包括扣篮大赛、三分球大赛和技巧竞赛、新秀挑战赛，以及主办城市的庆典活动。斯特恩以这种方式塑造了比赛本身的乐趣和兴奋点，与球迷在场外建立了联系。

> **斯特恩以这种方式塑造了比赛本身的乐趣和兴奋点，与球迷在场外建立了联系。**

斯特恩（以及在 NBA 工作的人）在获取知识方面对 NBA 产生了巨大的影响。在 2017 年电视节目《福布斯体育财经》(*Forbes Sports Money*)的采访视频中,他谈论了对知识的渴望,以及如何让学习成为 NBA 的文化。他希望 NBA 成为一个学习型组织,让亚当·西尔弗(Adam Silver)继续推进学习文化。他举了刚刚结束的一场全明星赛的例子问道:"我们从中学到了什么?我们可以从其他活动中学到什么?我们明年怎样才能做得更好,与今年有所不同?"

学习内容不仅来源于 NBA 正在做的或者其他体育运动联盟正在做的事,还要密切关注最成功的企业是怎么做的、这个行业最好的企业是怎么做的。其根本在于,了解其他行业的企业如何处理营销和全球化等问题,从而将有益的经验运用于 NBA。在接受采访中,斯特恩提到他曾花时间帮助初创企业,经常被问到这样的问题:"对初创企业了解多少?"斯特恩回应,1978 年,他只是 NBA 的第 24 名员工。也就是说,那时的 NBA 从很多方面来说是一个初创企业。现在的 NBA 联盟涵盖 NBA、WNBA 和 G 联盟(NBA 发展联盟),在全球范围内有 3000 多名员工。

一切要从顶层开始,大多数企业都是如此。因此,斯特恩必须向球队老板输出一些新想法。和董事会一样,这些球队老板必须认真考虑这些想法,并根据斯特恩的建议做出决定。同样,在企业中,工会一般在最终决定中有发言权。NBA总裁的最具挑战性的角色之一就是在球队老板和NBA球员工会之间进行协调。斯特恩通过营销和广告赞助等获得了更多的收入,将一切拉到更高的层面。NBA收入增加意味着联盟内所有的球队都得到了提升。他还制定了360万美元的工资帽,从而使NBA内部取得平衡,让小球市的球队有更多的机会签下明星球员,保持竞争力。这个方法奏效了,从圣安东尼奥马刺队令人惊叹的成功可见一斑。

自由球员

浏览如今的实时全球新闻和各种对NBA自由球员签约的分析,你几乎很难想象自由球员这个概念是怎样悄无声息地在NBA兴起的。1988年,在大卫·斯特恩任期内,身高2.08米,在西雅图超音速队场均得到20分以上的明星大前锋汤姆·钱伯斯(Tom Chambers)与菲尼克斯太阳队签了自由球员协议。这件事在当时没有引起太多关注,却具有历史性意义——这是NBA历史上第一次自由球员签约。NBA与球员工会之间的劳资协

> 议条款规定，如球员满足特定条件，可成为不受
> 限制的自由球员。特定条件是，球员在 NBA 的两
> 个合同服务期结束，在 NBA 效力至少 7 年。钱伯
> 斯满足上述条件，在了解到最新的劳资协议条款
> 得到批准之后签署了新合同。
>
> 自 1976 年以来，通过取消将球员与球队绑
> 定在一起的条款，有球员获得有限自由，但他们
> 和不受限制的自由球员并不完全相同。人们猜测
> 这对球员和球队意味着什么，但几乎没有人意识
> 到它对 NBA 产生了巨大的影响。

NBA 是由不同的获得特许经营的球队组成的体育运动联盟，斯特恩继续提高球队老板的收入，从而稳住那些正在挣扎的球队。

斯特恩履新之初，NBA 的 23 支球队总价值是 4 亿美元，他离任时每支球队的价值基本和这个数字相当。原先新球队加盟要缴纳 600 万美元的加盟费，斯特恩离任时这一费用涨到了 3 亿美元以上。尽管加盟费提高了，球队老板还是想成为 NBA 的一分子，这就使得 NBA 进一步扩张。

1988 年，有两支球队加盟 NBA；1989 年，又有两支球队加盟。这是继 1980 年达拉斯独行侠队（Dallas Mavericks）加入之后 NBA 的第一次扩张。迈阿密热火队（Miami Heat）和奥兰多魔术队（Orlando Magic）第一次把球队办到佛罗里达州。加入联盟后，迈阿密热火队赢得 3 次 NBA 冠军。还有两支球队是夏洛特黄蜂队（Charlotte Hornets）和明尼苏达森林狼队（Minnesota Timberwolves）。对 NBA 来说，夏洛特是一个全新的城市，而明尼苏达在近 30 年来第一次获得 NBA 特许加盟权。在新加盟的球队挣扎前行时，自由球员的出现让它们的发展变得更容易了。多亏电视转播协议、各种营销活动和广告赞助，新球队才能比 NBA 创立之初的球队更好地盈利，而在 NBA 创立之初，球队主要靠卖比赛门票生存。

迈克尔·乔丹时代

几年间，运动员变得更快、更强、更有韧性，这在 NBA 赛场上不断体现出来。从拉塞尔、张伯伦到奥斯卡·罗伯特森、朱利叶斯·欧文和魔术师约翰逊，优秀的球员不断超越前辈。对 NBA 来说，很幸运的是，它的产品——专业篮球比赛——变得越来越精彩了。

> **"迈克尔·乔丹在 1984 年加入 NBA，每个关注 NBA 联赛的人都知道他与众不同，但他将如何改变体育世界还有待观察。"**

迈克尔·乔丹在 1984 年加入 NBA，每个关注 NBA 联赛的人都知道他与众不同，但他将如何改变体育世界还有待观察。在 13 年的职业生涯中，乔丹曾两次退役，他让全球的篮球迷兴奋不已，率领芝加哥公牛队获得第一个 NBA 冠军，之后又 5 次获得冠军。如果乔丹没有离开篮球场去打了两季棒球赛（为纪念他被杀害的父亲。他的父亲希望他成为棒球球员），公牛队很可能取得八连冠，而不是 8 年取得让人印象深刻的 6 次冠军。乔丹打破了纪录，成为第一个连续 10 个赛季得分最高的 NBA 球员，并 5 次获得 MVP。他在场外为很多品牌代言。据《福布斯》报道，迈克尔·乔丹目前每年的球鞋代言费是 6000 万美元。他的"空中飞人"系列球鞋开启了个性篮球鞋文化，迅速成为史上最畅销的运动鞋。当电影导演斯派克·李（Spike Lee）用"这就是你要的球鞋"作为广告语、用乔丹赢得联盟的前两次扣篮大赛时在空中飞起的动作作为商标来拍摄乔丹代言的耐克鞋商业广告时,就标志着乔丹时代的来临。乔丹还和佳得乐、上层甲板(Upper Deck)、恒适、可口可乐、麦当劳、雪佛兰、通用磨坊(General Mills)等品牌签约。为球鞋代言是乔丹比其他 NBA 球星赚钱更多的原因。

乔丹对 NBA 盈利的积极作用是过去任何人做不到的。据估计,在 1999—2000 赛季,乔丹在公牛队退役之后,NBA 的收入可能减少 10% 以上,当时 NBA 的赛季收入是 20 亿美元。《福布斯》估计,在乔丹最后一次参加 NBA 决赛之前,他为 NBA 带来的收入是 100 亿美元,收入来源包括门票、电视转播、全球的篮球周边产品销售等。

乔丹的电影处女作《空中大灌篮》(*Space Jam*)将 NBA 呈现在年轻球迷面前,其中有动画片《乐一通》(*Looney Tunes*)中的很多人物和其他 NBA 球星。威尔·史密斯(Will Smith)在电视剧《新鲜王子妙事多》(*The Fresh Prince of Bel-Air*)中穿着乔丹球鞋,纳斯(Nas)、德雷克(Drake)等嘻哈明星和 DJ 卡勒德(Khaled)在视频中穿乔丹球鞋的形象也为乔丹球鞋拓展了新的市场。

在大多数 NBA 球迷的心中,乔丹仍然是最伟大的篮球运动员,也是永久改变 NBA 的标志性人物。

"保持乐观、努力工作。我认为,只要你愿意努力,一切皆可战胜。"

——谢莉尔·斯沃普斯

第五章 WNBA

一切开始于大卫·斯特恩时代。女子职业篮球协会的概念与NBA一同出现。最初的口号"下一个是我们"在NBA董事会上首次被提出。不久，WNBA（国家女子篮球协会）就应运而生了。创立WNBA的目的是让市场多元化和打入新市场，为了进一步让女性参与篮球这项运动。

WNBA与NBA的从属关系使这个新的体育运动联盟走了不少捷径，比如寻找场地和招募员工更加容易。WNBA的大多数规定和NBA类似，也有一些来自NCAA。比如，WNBA比赛最初是两场20分钟的半场赛，而不是4场12分钟的比赛（WNBA比赛现在改为4场各10分钟的比赛）。它的篮球要小一些，三分线距离更近，但基本规则和联盟组织架构与 NBA 十分接近。

WNBA 最初的 8 支球队都在 NBA 球队所在的城市。它们是夏洛特针刺队（Charlotte Sting）、克利夫兰火箭队（Cleveland Rockets）、休斯敦彗星队（Houston Comets）、洛杉矶火花队（Los Angeles Sparks）、纽约自由人队（New York Liberty）、菲尼克斯水星队（Phoenix Mercury）、萨克拉门托君主队（Sacramento Monarchs）和犹他明星队（Utah Starzz）。这些球队归 NBA 球队老板所有，以同样的方式管理。NBA 每支球队每个赛季要打 82 场比赛，而 WNBA 每支球队打 28 场比赛（现在是 34 场）。WNBA 的首场比赛开始于 1997 年 6 月，当时就是为避免与 NBA 的赛季发生冲突。NBA 季后赛在 6 月初刚刚结束。WNBA 第一个赛季的 112 场比赛只吸引了 100 多万球迷观看，平均每场比赛 9000 人。这个数字是 NBA 联赛在第 29 个赛季才达到的。

> "最初的口号'下一个是我们'在 NBA 董事会上首次被提出。 不久，WNBA 就应运而生了。创立 WNBA 的目的是让市场多元化和打入新市场，为了进一步让女性参与篮球这项运动。"

《找到一种比赛方式：篮球中的女性先驱精神》（*Finding a Way to Play: The Pioneering Spirit of Women in Basketball*）一书的作者乔安妮·兰宁（Joanne Lannin）将创立WNBA的动力归结为全国大学篮球协会女子篮球的受欢迎程度和1996年的奥运会。兰宁写道："1996年，在美国女子奥运代表队在亚特兰大夺得金牌之后，人们开始关注女子篮球。这是建立女子篮球联盟的好时机。还有其他人想建立专业女子篮球联盟，但没有哪个联盟得到的支持和喝彩声超过WNBA。像谢莉尔·斯沃普斯（Sheryl Swoopes）、丽萨·莱斯利（Lisa Leslie）和丽贝卡·罗保（Rebecca Lobo）这样的球员是知名的奥运明星。她们非常兴奋地准备参加WNBA第一个赛季的比赛。"

最初，WNBA球队的工资很低，球员没有广告收入。这是一个承载着很高期待的新体育运动联盟的起始点。不久之后，在1998年，WNBA球员工会建立起来，其成员都是专业女运动员。

WNBA很快有了竞争对手——美国篮球联盟①。这

---

① 此为女子篮球联盟，与前文所讲的"美国篮球联盟"（ABL）同名，但并非同一组织。

个联盟在1996年开始比赛。与NBA和ABA不同，这两个新联盟之间很快展开了抢夺新人的战争。WNBA因为有NBA的资金支持，以及与美国全国广播公司和迪士尼公司签署的电视转播协议而更有优势。仅仅3个赛季之后，美国篮球联盟就在1999年倒闭了。像凯蒂·史密斯（Katie Smith）、泰伊·麦克威廉斯（Taj McWilliams）、德丽莎·米尔顿-琼斯（Delisha Milton-Jones）这样的球员投到WNBA门下，其他球员转到海外发展。与1976年NBA将4支球队收录旗下，完成与ABA的合并不同，倒闭的美国篮球联盟的球员是独立的，不受对手欢迎。事实上，WNBA在接纳前美国篮球联盟球员上设置了限制条件。

与此同时，WNBA继续发展，2017年是其成立20周年。考虑到经营一支专业球队的成本，这一年是一个里程碑。和NBA早期经历如出一辙，WNBA的球队也经历了搬迁或者倒闭。事实上，WNBA从1997年的8支球队发展到如今的12支球队，这中间出现的球队总数曾达到18支。

最初的8支球队只有4支存活下来，包括犹他明星队。这支球队从拉斯维加斯离开，在圣安东尼奥运营了很长时间之后更名为尖子队（Aces）。如今的球队有7支是NBA球队的姊妹队。另外5支球队是由赞助商拥有和运营的，如拉斯维加斯尖子队被米高梅集团买下，康涅狄格太阳队（Connecticut Sun）归金神赌场（一个大型度假区和赌场）所有。

金融、人口统计和电视

多年来，WNBA一直在赔钱。加入WNBA 10年来，各球队平均每个赛季损失150万~200万美元。总的来说，经济损失并没有得到弥补。

WNBA的门票销量不能和NBA相比，关键就在于需要吸引观众。然而，WNBA面临的两大问题是，在男性主导的体育界获得平等的报道和评论的机会，以及弄清楚联赛的主要观众是谁。

"在为写书进行调研时，我看了很多场WNBA比赛和大学女子篮球比赛。WNBA的比赛在夏季，这个时候学生放假了，父母都会陪孩子去参加夏令营或者当地的团队，其中大多数是女孩，"兰宁在描述WNBA的人口统计数据时说，"也有一些高年级学生想放松和避暑。夏天参加室内运动太难了。我个人认为，WNBA应该把赛季开始时间推迟到11月，这样可能只需和NBA联赛的初期比赛争夺观众。"

夏季比赛和赛季竞争只是两个因素，观众统计数据显示的问题仍然存在。男性观众喜欢NBA联赛那样的快节奏扣篮，于是女性就成为WNBA的主要受众，这一点WNBA早有预料。但是，据《赫芬顿邮报》（*Huff Post*）在2017年3月发表的一篇文章，"WNBA的最大问题在于，不是男性观众，而是女性观众缺乏兴趣"。WNBA联赛75%的观众是女性，而这个联赛并没有吸引到足够的女性观众。

WNBA球星玛雅·摩尔（Maya Moore）在2017年撰写的一篇名为《知名度》（*Visibility*）的文章中（《赫芬顿邮报》的一篇文章也提到过类似的内容）表示："我们需要进行营销。我们需要因真正有意义的事而得到颂扬，如我们的故事、篮球、人物、激烈竞争、职业作风等。"

> **" 我们需要进行营销。我们需要因真正有意义的事而得到颂扬，如我们的故事、篮球、人物、激烈竞争、职业作风等。"**

"女性将出于对自己所在学校的忠诚而出面为康涅狄格州的哈士奇队或其他顶尖的大学球队喝彩,但并没有太多女性会追随大学篮球联赛的球星成为职业球员或者与当地的专业球队建立联系,哪怕这个球队的人才水准很高。"兰宁在为WNBA做的研究报告中说。

弄清如何有效营销对球队老板和整个WNBA来说仍是主要的挑战。让这个问题变得更复杂的是很多球员(估计超过60%)在淡季去海外为其他篮球联盟效力来弥补WNBA工资低的不足。"戴安娜·陶乐西(Diana Taurasi)有一个赛季完全缺席,去海外效力,赚了一大笔钱。"兰宁说,"淡季时很多球员会走,但她是第一个接到其他联盟的邀约就不参加WNBA整个赛季比赛的。很明显,一个大牌球员去海外打球会损害WNBA的利益。"

"还有对受伤的担忧。"兰宁讲到一个这样的例子,"WNBA 2018年的MVP获得者布蕾娜·斯图尔特(Breanna Stewart)去海外比赛伤了跟腱,因此缺席了整个WNBA 2019赛季。WNBA是否应该为球员加薪,使她们不再冒着受伤的风险去海外打比赛,人们又开始了对此事的讨论。"

仅2018年,WNBA就损失了1200万美元,因此资金十分紧张。WNBA通过赞助商获得了不少资金,这些资金显得很"时尚",因为球员的服装上要印那些企业的标识和名称。这个潮流是2009年由菲尼克斯水星队兴起的。从米高梅集团到银行、政府雇员保险公司、医院,甚至梅奥诊所,WNBA利用企业的赞助来维持运营。WNBA还与其他公司签了赞助协议,其中包括为球员提供服装的耐克。

但是,球员还是希望从WNBA的收入中分得更多。布丽奇特·尤尔(Brigitte Yuille)在2019年5月发表于Investopedia.com网站上的一篇文章显示,2018年WNBA的老球员的官方最高工资是11.35万美元。这跟男性球员的工资和代言费相比简直不值一提。事实上,中等水平的NBA球员的年薪是500万~1000万美元,而顶级球员年薪是2600万~3000万美元。

> **但是,球员还是希望从WNBA的收入中分得更多。布丽奇特·尤尔在2019年5月发表于Investopedia.com网站上的一篇文章显示,2018年WNBA的老球员的官方最高工资是11.35万美元。这跟男性球员的工资和代言费相比简直不**

值一提。"

因为WNBA还起步不久，所以NBA的球队老板还很乐观。兰宁在2017年，也就是WNBA成立21年的一篇博客中提到，前纽约自由人队老板和NBA名人堂成员伊塞亚·托马斯（Isiah Thomas）说："如果和NBA成立20年时的情景相比，WNBA目前处于有利地位。"托马斯说得不错。NBA成立之初没有一个成熟的体育运动联盟助其发展，也没有WNBA如今拥有的赞助费和电视转播机会。NBA成立20年时每场比赛只能吸引7000名观众，和WNBA在2019年的成绩相当。WNBA的问题在于上座率朝相反方向发展了。

WNBA球队在1999年场均观众1万人，其中纽约居首，达到1.4万人；菲尼克斯场均观众超过1.3万人。2009年，WNBA联赛场均观众仅超过8000人，其中华盛顿和洛杉矶的观众在1万人以上，纽约自由人队比赛的观众不到1万人。近几年，WNBA的观众人数有所下降，场均7000人左右。观众人数下降的原因之一是纽约自由人队被转手，不归纽约尼克斯队所有了。因此，在世界著名的麦迪逊广场花园比赛时的近1万名观众的盛况成为过去，如今的纽约自由人队只能在曼哈顿以北驾车45分钟车程的威斯特彻斯特县中心5000座的赛场拥有大约2200名观众（2019赛季）。

WNBA注意到了比赛观众下降的问题，通过加强营销来推动自身的发展。电视转播仍是撒手锏。除美国全国广播公司外，WNBA还与有线电视网、电视媒体Lifetime、奥普拉·温弗瑞氧气网络（Oprah Winfrey's Oxygen Network）签订了协议。美国广播公司、哥伦比亚广播公司体育网络和NBA电视（NBA TV）始终转播WNBA比赛。ESPN也转播WNBA的比赛，每年向WNBA支付2500万美元。

产品和球员

NBA从销售由初出大学校门的篮球新秀进行的专业男子篮球比赛起家。它不是第一个试图抓住篮球迷眼球的体育运动联盟。WNBA走了一条相同的路，把重心放在从康涅狄格大学这样的学校招募球员上。康涅狄格大学多年来一直是女子篮球的发动机。康涅狄格哈士奇队在体坛掀起巨浪，也造就了不少WNBA球星，其中包括丽贝卡·

罗保、尼吉萨·赛尔斯（Nykesha Sales）、苏·伯德（Sue Bird）、塔米卡·威廉姆斯（Tamika Williams）、戴安娜·陶乐西、蒂娜·查尔斯（Tina Charles）、玛雅·摩尔、斯蒂芬妮·多尔森（Stefanie Dolson）、布蕾娜·斯图尔特等。

WNBA联赛为球迷带来的更多是技巧，而不是NBA联赛展示的力量。这里有世界上最优秀的女运动员，其中有人曾率领美国奥运篮球代表队取得金牌。工资帽和球员对球队的忠诚使WNBA在各支球队间维持了平衡。此外，WNBA多年来从不缺有天赋的球星。

销售产品：女子篮球

- 控球后卫苏·伯德是西雅图风暴队（Seattle Storm）2002年的新秀。在球队效力16年后，她已退役。伯德率领风暴队获得3次总冠军，3次在助攻方面领先，成为出场超过500场比赛的第一位WNBA球员。
- 塔米卡·凯特琴斯（Tamika Catchings）成为新秀后对球队始终忠诚，为印第安纳狂热队（Indiana Fever）效力15年。2002年获得年度最佳新人称号,成为最快获得2000分的球员(4年时间),3次获得年度最佳防守球员称号,在抢断方面6次领先。她10次参加全明星赛。截至2019年,她获得得分榜第三名、篮板球第二名、抢断第一名。

- 布兰妮·格里纳(Brittney Griner)是WNBA最著名的球员之一,这主要得益于她的扣篮和拦网能力。她是2014赛季WNBA冠军队菲尼克斯水星队的成员,以及2016年里约热内卢奥运会女子篮球冠军美国队的一员。格里纳在职业生涯的前7年两次获得WNBA年度最佳防守球员称号。

- 身高1.96米的劳伦·杰克逊(Lauren Jackson)是WNBA最高的球员之一。她在成为WNBA 2001年新秀榜首之前曾在澳大利亚打比赛。杰克逊为西雅图队效力了十多年,帮助西雅图队获得2次总冠军,3次获得得分王称号,7次参加全明星赛。

- 丽萨·莱斯利在WNBA首届选秀中第7个当选。截至2020年,她也是WNBA排名第7位的得分手。她3次获得联盟MVP,率领洛杉矶火花队2次获得总冠军,成为WNBA最佳篮板王之一。然而,莱斯利的职业记录远不止WNBA显示的数据甚至是她获得的诸多奥运会荣誉。莱斯利从球员转型为教练，再到播音员，成为 WNBA 最重要的面孔之一。

- 雪莉·斯沃普思是 WNBA 历史上的名人之一——她在 WNBA 首个赛季加入，是休斯敦彗星队 4 次获得总冠军的关键人物。她还 2 次获得得分王称号，先后在西雅图和塔尔萨打比赛。

- 蒂娜·汤普森（Diana Thompson）在南加利福尼亚大学作为闪亮的新星 4 年之后有幸成为 WNBA 的第一位球员。在前 4 个 WNBA 赛季中，她率领休斯敦彗星队多次赢得冠军。17 年后，她参加了 9 次全明星赛和将近 500 场常规赛季比赛。她在教练岗位上退役，入选篮球名人堂。

- 戴安娜·陶乐西为菲尼克斯水星队效力 14 年，几乎获得了 WNBA 的所有荣誉称号。她率领球队 3 次夺冠。她是最佳得分手，5 次成为得分王，还曾随队获得奥运会冠军，在欧洲联赛打了 170 多场比赛。

上面提到的只是 WNBA 众多球星中的几个。其他曾在 WNBA 效力（或目前仍在效力）的球星还有西蒙妮·奥古斯图斯（Seimone Augustus）、艾兰娜·贝亚特（Alana

Beard)、瑞贝卡·布鲁森（Rebekkah Brunson）、斯温·卡殊（Swin Cash）、蒂娜·查尔斯、辛西娅·库珀-黛珂（Cynthia Cooper-Dyke）、艾琳娜·戴勒·多恩（Elena Delle Donne）、凯蒂·道格拉斯（Katie Douglas）、坎迪斯·杜普雷（Candice Dupree）、尤兰达·格里菲斯（Yolanda Griffith）、查米克·霍尔茨劳（Chamique Holdsclaw）、丽贝卡·罗保、谢里尔·米勒［Cheryl Miller，NBA球星雷吉·米勒（Reggie Miller）的姐姐］、玛雅·摩尔、奈卡·奥胡米克（Nneka Ogwumike）、坎迪斯·帕克（Candace Parker）、卡皮·庞德斯特（Cappie Pondexter）、尼吉萨·赛尔斯、凯蒂·史密斯、布蕾娜·斯图尔特和特蕾莎·韦瑟斯庞（Teresa Weatherspoon）。

促销

WNBA面对的最重要的问题之一是缺少张伯伦与拉塞尔或伯德与约翰逊这样的对决或者家喻户晓的超级明星。这主要是由于缺乏知名度和营销手段。

" WNBA面对的最重要的问题之一是缺少张伯伦与拉塞尔或伯德与约翰逊这样的对决或者家喻

户晓的超级明星。这主要是由于缺乏知名度和营销手段。"

在 WNBA 或立之初,刚刚获得 1996 年奥运会比赛篮球金牌的丽贝卡·罗保、雪莉·斯沃普思、丽萨·莱斯利已经是家喻户晓的球星,球迷痴迷于她们的比赛。如今,除真正的 WNBA 球迷和追随者外,几乎没有人知道她们了。只有布兰妮·格里纳被人铭记,因为她的扣篮太引人注目了。

如同 NBA 所展示的那样,个人品牌和联盟品牌大使在推销 WNBA 的产品方面发挥着关键作用。如果体育迷熟知球员,他们就会来看比赛。这是 WNBA 和媒体人士面临的重要挑战。正面的新闻,无论发生在场内还是场外的,需要在全国广泛宣传。例如:玛雅·摩尔暂停工作(错过整个赛季)去帮助一个她认为无辜的、被判 50 年监禁的年轻人出狱。"洛杉矶火花队的蒂法尼·杰克逊-琼斯(Tiffany Jackson-Jones)因卓越的篮球才能而为人所知,但也因战胜乳腺癌而闻名。她被诊断出这种病之后就决定做一个有力的榜样。"记者琳赛·霍思汀(Lindsey Horsting)在 WNBA.com 上发表的一篇文章中这样写道。

这篇文章提到了杰克逊-琼斯的励志言论:"我想成为每个人的榜样,包括活下来的人和正在遭受疾病困扰的人,不仅仅是篮球运动员。如果我可以回到赛场上打球,那么你也可以回到生活中享受天伦之乐,享受亲情,去旅行,做你想做的任何事。"

建立个人品牌或联盟品牌并不容易,而品牌能够促进体育运动联盟的发展,尤其是 NBA。进行营销和品牌化就意味着在媒体中无处不在,成为社交媒体对话的内容;聚焦球员及其故事(场内和场外),而不是团队标识和联盟标语。这将帮助 WNBA 获得最主要的观众——女性观众——的更大青睐。

尽管如此,WNBA 还缺乏能够全面盈利的驱动力,但这并不是不可能的。想想威廉姆斯姐妹对女子网球的影响力,她们大大提升了这项运动的标准。WNBA 也可以做到这些。

WNBA 领导层很乐观。《福布斯》援引 WNBA 总裁凯茜·恩格尔贝特(Cathy Engelbert,2019 年 7 月履新)的话说:"我们很快就会找到自己的财务指标和商业模式。"她曾担任全球四大顶尖金融公司(德勤)的首位女首席执行官，这次决心对 WNBA 进行整改。

NBA 副总裁谭惠民（Mark Tatum）曾在恩格尔贝特到来前担任 WNBA 代理总裁。他表达了自己的乐观和决心。他告诉《福布斯》："我们的目标是把 WNBA 变成一个自给自足的企业。"

"我能接受失败,因为
　　每个人都有失败的时候。
　　　　但我不能接受不去尝试。"

——迈克尔·乔丹

第六章 走向全球

生于意大利、长于加拿大的亨利·比亚萨蒂（Henry Biasatti）在1946—1947赛季为多伦多哈士奇队打了6场比赛后并不知道他将引领时代成为NBA第一位外籍球员。

时间推进到2019年，NBA有100多位来自40多个国家的外籍球员。而多伦多猛龙队（Toronto Raptors）成为NBA历史上第一支在美国之外比赛并赢得冠军奖杯的球队。多亏NBA的全球营销策略，篮球运动如今成为全球仅次于足球运动的受欢迎的运动。

事实上，在2018赛季之前，在美联社新闻网站（AP News）发表的一篇文章中，篮球专栏作家蒂姆·雷诺兹（Tim Reynolds）援引NBA总裁亚当·西尔弗的话说："我相信我们的篮球运动可以成为世界第一的体育运动。当我看着我们的发展轨迹时,我看到年轻人继续热爱这项运动、参加这项运动、在社交媒体或者在线游戏中参与关于篮球这项运动的话题,我不知道我们的限制在哪里。"

> **我相信我们的篮球运动可以成为世界第一的体育运动。 当我看着我们的发展轨迹时,我看到年轻人继续热爱这项运动、参加这项运动、在社交媒体或者在线游戏中参与篮球这项运动的话题,我不知道我们的限制在哪里。**

雷诺兹利用一些数据支持西尔弗的话,他写道:"NBA 的一系列数据让人印象深刻:仅中国就有 3 亿人喜欢玩篮球,过去十年间印度玩篮球的人数显著上升,而该国将在 2025 年成为全球人口最多的国家。到那时,全球可能有 10 亿人(每七个人中就有一个人)观看 NBA 总决赛。"

NBA 的全球知名度由来已久。NBA 联赛在全球的影响始于 20 世纪 80 年代,发展于 90 年代。生于尼日利亚的哈基姆·奥拉朱旺是休斯敦大学 1984 年的 NBA 新秀榜首。在篮球生涯中,他曾两次为休斯敦火箭队获得总冠军。克罗地亚出生的德拉赞·皮特洛维奇（Dražen Petrović）是一位欧洲篮球明星，在1989年加入NBA。他曾4次获得NBA年度最佳防守球员称号。迪肯贝·穆托姆博（Dikembe Mutombo）在1991年从多米尼加共和国来到美国。

"第一批海外球员加入NBA时很不容易，"NBA国际篮球运营部的高级副总裁金·博胡尼（Kim Bohuny）说，"20世纪80年代有很多来自东欧的球员加入NBA，也有一些来自西欧的在美国上大学的球员，比如德特雷夫·施拉姆夫（Detlef Schrempf，来自德国）在华盛顿大学读书，里克·施密茨（Rik Smits，来自荷兰）在纽约波基普西的玛利亚教会学院读书。"

"20世纪80年代末、90年代初加入NBA的海外球员大多不会说英语，也从没在国外生活过。他们没看过多少NBA联赛，因为看比赛的唯一方式是通过电视，那个时候NBA联赛在海外转播的比例还不高。他们有时候看编辑过的篮球比赛集锦或者半夜爬起来看比赛，但可选节目不多，因此并不了解NBA球员和比赛风格。"博胡尼在讲到来自海外的首批NBA球员时说。

2018年，博胡尼在《体育画报》的一篇文章中详细介绍了从苏丹来到美国的马努特·波尔（Manute Bol）的故事。巴尔的摩子弹队球星韦斯·昂塞尔德（Wes Unseld）对博胡尼讲，球队为波尔找了一套房子，他搬了进去。第二天，他没来训练。因此，同伴到他家去问他："你没事吧？"原来，他从没在寒冷天气中待过，感冒了。他觉得自己病得很严重。

全球营销和 NBA

推销 NBA 的最好方式是让球队到海外比赛，让全球观众为看到 NBA 球队的比赛而兴奋。1978 年，华盛顿子弹队（Washington Bullets）和特拉维夫马卡比队（Maccabi Tel Aviv）在以色列特拉维夫进行表演赛，马卡比队以 98∶97 获胜。

此后，表演赛在全球兴起。1990 年，菲尼克斯太阳队和犹他爵士队在东京进行两场系列赛，拉开了 NBA 在世界各地进行常规赛季比赛的序幕。在这次系列赛之后，NBA 每年在国外进行两场比赛，如中国的台北、北京、上海，以及里约热内卢、墨西哥城、巴黎、伦敦、米兰。

20世纪90年代，在斯特恩领导下，NBA开始进行国际布局。NBA在世界各地开设办公室。"全球化思维、本地化行动"是这个项目的理念。NBA希望通过这些行动增加在海外的存在感，同时与当地的文化和风俗贴近。

> **"20世纪90年代，在斯特恩领导下，NBA开始进行国际布局。NBA在世界各地开设办公室。'全球化思维、本地化行动'是这个项目的理念。NBA希望通过这些行动增加在海外的存在感，同时与当地的文化和风俗贴近。"**

如今，NBA在世界各大城市都设有办公机构，包括香港、多伦多、北京、上海、台北、伦敦、马德里、孟买、墨西哥城、里约热内卢和约翰内斯堡。在这些地方进行的营销和社区活动等为NBA的整体发展提供了助力。地区甚至国际电视转播协议也有效推动了NBA的发展。

NBA在海外的布局不仅着眼于商业机会。毕竟，篮球运动还是一个孩子喜欢玩也喜欢看的游戏。引领孩子去玩篮球、为其所在的社区提供教育和社交方面的帮助也将成为NBA向国际布局的部分内容。

梦之队

"梦之队"是一个充满敬意的称呼,精英中的精英聚集在一起,为美国奥运代表队做出惊人的贡献。这真是非同寻常的事。

多年来,针对招募专业运动员进入奥运代表队出现了很多争议。当俄罗斯这类东欧国家的奥运代表队吸纳由政府赞助的业余选手时,担忧的声浪更高了。1986年,国际奥委会投票允许专业运动员进入奥运代表队。

但是,1988年的美国奥运篮球代表队仍然由大学生组成,原因是世界篮球管理机构国际篮球联合会(FIBA)认为业余篮球选手仍然应该参加奥运会。付费雇用不同国家的球员成为一个有争议的问题,虽然这种现象出现很多年了,但人们还是认为这些球员是业余球员。尽管美国队的球员年龄、经历不同,1988年的美国队还是在未来的NBA球星丹·马尔利(Dan Majerle)、大卫·罗宾逊(David Robinson)、斯特西·奥格蒙(Stacey Augmon)和米奇·里奇蒙德(Mitch Richmond)的率领下获得奥运会篮球比赛铜牌。

第二年，国际篮球联合会决定让专业球员参加奥运会，于是梦想起航了。此后三年，大卫·斯特恩担任领袖，数百万球迷期待美国队在1992年奥运会上再创佳绩。

梦想在巴塞罗那变成了现实，世界上最优秀的体育代表队参加了1992年的巴塞罗那奥运会。世人熟知的梦之队成员包括迈克尔·乔丹、"魔术师"约翰逊、拉里·伯德、查尔斯·巴克利、帕特里克·尤因（Patrick Ewing）、大卫·罗宾逊、卡尔·马龙（Karl Malone）、约翰·斯托克顿（John Stockton）等人。

梦之队不仅在比赛中胜出，获得金牌，还成为全球超级明星队。NBA在全球各地展示这些球员。就像"魔术师"约翰逊说的那样，"梦之队让篮球成为风靡全球的运动"。

从某种程度上说，约翰逊是对的。这个时期全世界对篮球这项运动的热爱刚刚起步，NBA及其球员的发展进入了新阶段。世界各地的孩子穿着梦之队T恤，戴着梦之队帽子或其他配饰。梦之队运动服、夹克、帽子和T恤的销售带来了数百万美元的收入，电视转播收视率相比1988年夏季奥运会又上了新台阶。

> "梦之队不仅在比赛中胜出，获得金牌，还成为全球超级明星队。NBA 在全球各地展示这些球员。就像'魔术师'约翰逊说的那样，'梦之队让篮球成为风靡全球的运动'。"

美国的运动项目从未有过如此高的全球曝光率。事实上，除麦当劳之外的大多数美国企业从未有如此高的年轻受众比例。由于这场比赛是奥运会比赛的一部分，NBA 不费吹灰之力获得了许多收益。关键在于保持热情，斯特恩总是先人一步，总有在全球进行推广的新点子。

下一次快速发展

一旦大门打开，全球越来越多的球员开始寻求进入 NBA。进入全球最具人气的篮球联盟并非易事，球员需要有天分，在家乡脱颖而出，展示出与顶尖对手竞争的能力并且被 NBA 的球探发现。在梦之队一炮而红后，来自不同国家的许多球员频繁出现在世界各地的篮球联赛和世界锦标赛中，其中有些球员进入了 NBA。

1989 年，金·博胡尼在帮助亚特兰大老鹰队（Atlanta Hawks）打完苏联锦标赛之后，开始帮助国际球员进入美国。她在做这件事时改变了球员在球场外的生活方式，让他们逐渐融入美国社会。在梦之队把篮球带到世界各地之后，吸纳来自其他国家和地区的球员变得更容易了。

在20世纪90年代末、21世纪初，越来越多的外国球员加入NBA。史蒂夫·纳什（Steve Nash）从加拿大来到美国，加入NBA。他在18年的职业生涯中大部分时间为菲尼克斯太阳队效力，成为NBA历史上最伟大的进攻发动者之一。他两次获得MVP，8次参加全明星赛，5次获得助攻王称号，助攻记录超1万次。

20世纪90年代的其他国际球星

- 生于克罗地亚的托尼·库科奇（Toni Kukoč）是最早加入NBA的欧洲球星之一，随芝加哥公牛队三获NBA总冠军。在乔丹退役打棒球时，他在公牛队担任主力多年。
- 维拉蒂·迪瓦茨（Vlade Divac）来自塞尔维亚，为湖人队效力，随湖人队两次获得总冠军，后来成为萨克拉门托国王队的总经理。

- 安静和蔼的德克·诺维茨基（Dirk Nowitzki）离开家乡德国加入达拉斯独行侠队，参与了缩水的1998—1999赛季的比赛，此后为这支球队效力21个赛季。德克13次参加全明星赛，率领独行侠队获得球队唯一一个世界冠军。
- 托尼·帕克（Tony Parker）是为数不多的来自法国的NBA球员。帕克在2001年加入圣安东尼奥马刺队，为马刺队打了17个赛季的比赛，最后一年在夏洛特结束了他的全明星职业生涯。在马刺队获得总冠军的4次比赛中，他是组织进攻的控球后卫。
- 马努·吉诺比利（Manu Ginóbili）是帕克长久以来的队友。他在家乡阿根廷开始打职业比赛，后到意大利打比赛。他在2000—2001赛季加入马刺队，开启了16年的NBA职业生涯，4次随队获得冠军称号。

边界以北的扩张

1993年11月14日，加拿大广播公司（CBC）播报了

NBA宣布扩张的媒体发布会的部分内容。媒体发布会发布的内容如下:

> "我们要让NBA自豪。我们重视它对我们的信任。"即将被命名的多伦多篮球队的总裁约翰·比托弗(John Bitove)如是说。NBA总裁大卫·斯特恩即将宣布同意这个球队加盟NBA,同时宣布这一消息的还有NBA发展委员会的杰里·科朗格洛(Jerry Colangelo)和安大略省的前任省长大卫·彼得森(David Peterson)。这支球队的身价高达1.25亿美元,斯特恩指出它能为球迷带来与众不同的东西。他说:"我们代表的是极高水准的娱乐活动。"

三个独立的团队正在为在多伦多建立NBA球队竞标。多伦多目前有一支球队(哈士奇队)参加过NBA第一个赛季——1946—1947赛季。那个赛季结束后,哈士奇队就倒闭了。1989年和1992年在多伦多举办的表演赛场均吸引了超过2.5万名观众,有力证实了这个城市准备再次迎接一支新球队。多伦多猛龙队在1995—1996赛季开始比赛。

同样在1993年,国家冰球联盟旗下的温哥华加人队（Vancouver Canucks）老板宣布要在这座城市建一个NBA球队的计划。这个城市当时正在建一座可以容纳2万人的竞技场，可以供两大专业球队比赛，就像很多大城市那样。1994年春天，温哥华灰熊队（Vancouver Grizzlies）以1.25亿美元的价格拿下了NBA加盟权。这个数额比20世纪80年代后期球队的加盟费高出9200万美元。

NBA在不断发展，灰熊队在温哥华打了6个赛季的比赛就搬到了孟菲斯。不幸的是，新球队和新运动带来的新鲜感已经消失了，篮球比赛的观众上座率大幅下降。灰熊队面临的问题之一是无法吸引自由球员。

姚明来了

新世纪伊始，NBA全球化发展的步伐超过了其他任何专业体育运动联盟。NBA的触角遍及世界各地，其中包括中国。中国的篮球运动已经风靡多年。事实上，中国早在20世纪30年代就参加了奥运会。NBA最早出现在中国是在20世纪80年代。当时，斯特恩意识到这个未发掘的市场的潜力，与中国中央电视台签下转播协议。然而，中国男子篮球职业联赛直到1995年才开始举办。两年后，身高2.26米的姚明在上海大鲨鱼篮球队开始了他的职业生涯，进入NBA的视野。

2002年，姚明成为第一个没有在美国大学打过比赛而被NBA选中的国际球员。姚明打了7个赛季的全明星赛，后因足部受伤过早结束了职业生涯。不过，这只是姚明传奇故事的一部分。2004年，姚明和他所在的火箭队成为第一支在中国打比赛的NBA球队。他们在座无虚席的球场打了两场表演赛。姚明在中国已经是名人，他声名远播，超过中国以往任何篮球球员。"在中国跟姚明走一圈就像是在纽约和披头士一起走一圈一样。"火箭队前总经理卡罗尔·道森（Carroll Dawson）说。

> **"在中国跟姚明走一圈就像是在纽约和披头士一起走一圈一样。"**

对中国的NBA球迷和篮球迷来说，姚明的出现只是开端。NBA继续在中国的4个城市举办季前赛。2016年，NBA宣布在乌鲁木齐、济南和杭州开启精英训练中心。NBA的营销活动也在中国启动。中国现在是NBA仅次于北美的第二大市场。很多NBA球星和姚明一道推进NBA

在中国的发展，其中最特别的是科比·布莱恩特。此外，很多大型运动服装企业在中国销售签名球鞋，具有强大的营销实力。布莱恩特在中国的受欢迎程度可与姚明媲美。他在中国创立基金，为遭受地震影响的四川省捐赠了500万元人民币。

当大卫·斯特恩推开中国的大门时，姚明成为形象大使。电视转播协议不仅为NBA，还为将自己的品牌打入边缘市场的广告商带来了巨大收益。

NBA与微信的母公司腾讯签署协议。这份协议的内容是关于转播NBA比赛和播放精彩比赛集锦。在另一份技术协议中，NBA与中国著名的社交媒体平台微博合作展示NBA比赛精彩花絮、对球员的采访、照片、统计数据、幕后活动等内容，其受众为每月4亿活跃用户。

姚明退役后接了一些公司的广告代言，同时经营自己的企业，从自有的加州纳帕谷的酒企到名为"曜为资本"的私募股权基金公司。他仍然活跃在篮球界，担任中国篮球联合会的主席。姚明的出现促使NBA中国[1]组织姚明

---

[1] NBA中国，即NBA体育文化发展（北京）有限责任公司，成立于2008年。——编者注

慈善赛、NBA关怀行动，以及在中国发起的篮球无疆界项目。

出口

应该注意到的是，不仅NBA的球员来自世界各地，很多球员也出于不同原因把自己的比赛带到世界各地。有些球员提升了技能，有些球员希望得到不同的经验，有些球员在其他地方签的协议金额比和NBA签的金额大。参加过中国男子篮球职业联赛的球员包括斯蒂芬·马布里（Stephon Marbury）、特雷西·麦克格雷迪（Tracy McGrady）和吉尔波特·阿里纳斯（Gilbert Arenas）。球员换球队出乎意料的后果之一是进一步把NBA的精英精神带到了全世界。NBA并没有主动让球员去海外，而是有些球员选择加入海外的不断发展且具有竞争力的体育运动联盟。

国际球员继续加盟

进入新世纪，世界各地的球员继续涌入NBA。

- 2.13 米高的欧洲球星保·加索尔（Pau Gasol）来自西班牙巴塞罗那，在 2001 年加入孟菲斯灰熊队。在 20 年的职业生涯中，他共获得 2 万分，随湖人队两次获得总冠军。
- 保的弟弟马克·加索尔（Marc Gasol）也是一位西班牙球星。他在 2008 年加入孟菲斯灰熊队，后在 2019 年随多伦多猛龙队获得冠军。
- 2018—2019 赛季的 MVP 扬尼斯·阿德托昆博（Giannis Antetokounmpo）从希腊来到美国，绰号"希腊怪兽"。扬尼斯在 18 岁时加入 NBA，为密尔沃基雄鹿队效力。在参加 NBA 的第三个赛季，他已经成为联赛超级明星之一。
- 后来最有影响力的两位球星乔尔·恩比德（Joel Embiid）和本·西蒙斯（Ben Simmons）为费城 76 人队效力。身高 2.13 米的恩比德来自喀麦隆共和国，是得分王和篮板王，在 2014 年 NBA 大学选秀中中选，而后经历了两年伤病。本·西蒙斯来自澳大利亚，在 2016 年 NBA 大学选秀第一次整体选秀中胜出，成为 NBA 最具人气的年轻球星之一。

> "多年前,各球队不知道如何办理签证,或者让球员的家属来到美国。他们不知如何应对语言和文化差异。现在一切都改变了。如今我们的球队都有国际教练,培训员工帮助球员处理任何问题。过去的25年一切发生了翻天覆地的变化。"

几年之后,国际球员进入NBA、适应美国的生活更容易了。金·博哈尼指出:"如今国际球员加入联盟的情况发生了变化。最重要的一点是,他们可以在线观看任何想看的比赛,甚至是特定球员打不同比赛的视频剪辑。网上的资料太多了。他们来到这里的时候对一切都是熟悉的。他们也会说英语,因为它是篮球语言;所有球员都知道,如果进入NBA、G联盟,甚至是欧洲体育运动联盟,一定要会说英语。现在的球员英语说得都很流利。他们在世界各地行走,大多数人之前来过美国,很多人曾加入篮球训练营,所以加入NBA更容易。"

博哈尼在NBA效力了近30年。她表示,各球队都需要国际球员,并为此做好了准备。她说:"多年前,各球队不知道如何办理签证，或者让球员的家属来到美国。他们不知如何应对语言和文化差异。现在一切都改变了。如今我们的球队都有国际教练，培训员工帮助球员处理任何问题。过去的 25 年一切发生了翻天覆地的变化。"

■ 真正的全球冠军

2018—2019 赛季的 NBA 冠军猛龙队在多伦多。这支球队主要由在英国出生的尼日利亚人马赛·乌吉里（Masai Ujari）建立，由来自西班牙、喀麦隆、刚果共和国、圣卢西亚和意大利的球员和教练组成。

有一年，NBA 联赛的 MVP 是一个希腊人。

篮球无疆界

在很多 NBA 的发展项目中，最受尊重的项目之一是篮球无疆界（BWB）项目。这是 NBA 和国际篮球联合会共同发起和运营的项目。该项目发起于 2001 年，是一个聚集优秀年轻球员在相互支持的环境中共同学习和进行实战的篮球发展项目。

NBA、国际篮球联合会和各种国际机构挑选来自亚洲、欧洲、拉丁美洲和非洲的顶尖年轻球员参加这个微型的篮球训练营。每个篮球无疆界训练营的教练均由 NBA、WNBA 的球员与教练担任。被世界最优秀的球员指导是一件光荣的事,每个参加者与其他优秀球员以及未来的篮球精英一道切磋,使训练营充满热情的气氛。

篮球无疆界训练营成为发现未来 NBA 选手的圣地。"卢克·理查德·巴莫特（Luc Richard Mbah a Moute）参加了我们在非洲举办的第一个训练营。"金·博哈尼回忆,"他来自喀麦隆,先后进入加州大学洛杉矶分校篮球队和 NBA。乔尔·恩比德是如何被发现的呢？我们找到在非洲经营训练营的卢克,打听那里最好的球员。我们的很多球员退役后回到老家开办训练营,如果他们发现优秀人才,就会告诉我们。卢克让我们知道有一个名叫乔尔·恩比德的球员刚刚在训练营结束训练,把他介绍给我们。"

博哈尼说:"帕斯卡尔·西亚卡姆（Pascal Siakim）的故事如出一辙。很多人不知道他,他接受邀请参加我们的篮球无疆界训练营后被球探发现。篮球无疆界项目在发掘球员方面非常成功。事实上,参加 2019 年 NBA 选秀的

60位球员有8位就是从训练营中选拔出来的。

"很多球员在参加项目之前就很有名了,但也有一些球员在参加项目的过程中表现非凡,由此走上了职业道路。如果不参加这个项目,他们可能不会有成就。"

> **篮球无疆界项目在发掘球员方面非常成功。事实上,参加2019年NBA选秀的60位球员有8位就是从训练营中选拔出来的。**

在训练营和其他项目(比如7个NBA篮球学校)激发人们对篮球的兴趣并挖掘出更多篮球人才的同时,NBA继续进行全球扩张。每个球队如今在欧洲有自己的球探,还有很多球队在非洲、拉丁美洲和亚洲也有球探。

篮球无疆界这个国际项目已经招募了来自世界各地120多个国家超过3400名年轻运动员,为参与者带来了改变,对很多人来说是脱胎换骨。该项目在五大洲的多个城市举办训练营,其中包括欧洲,保·加索尔和达尼罗·加里纳利(Danilo Gallinari)在那里吸引众人目光并取得成功,后来进入NBA。2020年,将近70名篮球无疆界训练营的选手通过选秀进入NBA或者签约成为自由球员。

篮球学校

NBA 为 6~18 岁的男孩和女孩开设篮球学校。该学校不授予学员正式学位，位于巴西、希腊、印度、土耳其和阿联酋。学校的发展规划与篮球无疆界训练营类似，有 NBA 教练和原球员作为导师。主要的差别在于，学校不是以选拔人才为目的，而是有偿教学。学校向所有对篮球感兴趣的适龄人员开放，由经 NBA 批准受过培训的篮球学校教练担任领导，主要教学内容包括赛场技巧、力量和体能训练、篮球知识等。

NBA 篮球学校是精英级别的，旨在培养全方位发展的球员。该项目侧重教育、领导力、健康和养生、人格发展、生活技能等方面，意在促进青少年全面发展。

具有 NBA 水平的教练还会开发学员的潜能，让他们参加竞争性比赛。球员可能被选中参加国际锦标赛。大量国际学校的毕业生进入 NCAA D-1 学校。中国山东 NBA 学校的韩旭在 WNBA 的选秀中，以第 14 顺位被纽约自由人队选中。

> NBA学校为全球喜欢篮球运动的年轻人提供培训，同时加强对自身使命的宣传，重视场内和场外教育。这对NBA和参加培训的年轻球员来说是双赢的。

全球篮球商业回顾

在全球各地开设办公机构为NBA与海外的广播公司以及其他企业签署协议提供了便利，同时还能了解各国的文化、风俗和民众的兴趣。电视转播协议把篮球带到那些熟知篮球这项运动但水平不是很高的国家。大量NBA球员代言的产品（主要是运动鞋）打入那些能够通过电视转播看到NBA球星的国家的市场。梦之队和篮球形象大使的出现让全世界爱上了NBA。NBA通过战略规划、不断创新，以及建立训练营来传授知识，激发人们对篮球这项运动的兴趣。NBA还清楚，不能只想着盈利，还应该为世界各地需要成功企业支持的人们提供帮助。

NBA的全球拓展计划——"NBA关怀行动"和篮球无疆界项目将与篮球比赛有关的社区联系在一起；而

NBA巡回赛、表演赛和常规赛，将重心放在球员和联盟本身。

在技术的推动下，NBA与伙伴的合作关系也超越国界。比如，在与中国建立的合作关系中，北京字节跳动科技有限公司（在全球范围内提供内容项目）为NBA联赛观众提供了简明的信息，方便用户在移动设备上查看。

金·博哈尼在近30年的时间里观察和帮助国际球员进入NBA，她对NBA产生的国际影响力感到惊叹。她说："我觉得这很惊人，我们看见全世界的孩子们穿着NBA运动服。篮球成为世界第二大运动，目前仍在发展之中。我们看到NBA的营销计划，孩子们在手机或平板电脑上观看我们的比赛。NBA品牌遍及世界各地，这让人难以置信。"

"如果你只在自我感觉

　　良好的时候工作，你的

　　　　生活就不会有太多成就。"

——杰里·韦斯特

第七章 联赛停摆

1998—1999 年联赛停摆

从很多角度来说，20世纪90年代对NBA来说都是一个伟大的时代，以"魔术师"约翰逊和芝加哥公牛队的6次总冠军为代表。这支球队从1966年加入NBA之后很长一段时间连一次冠军都没有拿过。从全球来看，NBA努力吸纳国际球员，它的球迷群体从加拿大到中国在不断增加。WNBA让女子篮球走上荧幕。随着90年代进入尾声，NBA球员的平均年薪已经达到了250万美元。NBA 1997—1998赛季现场观众总数连续第三次超过2000万人，达到NBA历史上排名第二的2035.2157万人。

尽管如此,球员工会和球队老板之间的矛盾还是在增加。之前有过季前赛停摆的情况,而这一次是第一次球员因不满而进行罢工。大多数企业的劳资问题都是在管理者和员工之间发生的,但 NBA 大不相同。NBA 有一个额外的加盟体系。因此,管理层(也就是加盟球队的老板)和球员(也就是劳工)处于争议的两端,而联盟本身代表的是球队老板的利益。在这里还有体育经纪人,他们前所未有地关注客户(球员)的商业兴趣。

对 NBA 来说,真正的球员罢工是始料未及的。美国棒球大联盟因球员罢工直接导致 1994 年的职业棒球联赛取消。而 NBA 裁判在 1995 年罢工并没有影响比赛的正常进行,只是临时换裁判而已。但是,在 1998—1999 赛季,这种和谐的局面结束了。球队老板和球员互不相让,双方进行了谈判。

毫无疑问,球迷和媒体都很不高兴,他们并不站在任何一边,而是指出球队老板和球员之间的矛盾伤害了想看比赛的人,以及在 NBA 管理机构或球队有工作的人。球迷和体育专栏作家对双方都没有太多同情。事实上,有一个报纸专栏作家把这件事称作高个子百万富翁和矮个子百万富翁之间的恩怨。这种观点引起了媒体的共鸣。

随着球员罢工时间的临近，那些媒体转播人员都开始变得焦躁不安起来。"感觉真不好。"曾经先后效力巴尔的摩子弹队、华盛顿子弹队的后场球星菲尔·切尼尔（Phil Chenier）说。他还担任过华盛顿奇才队的电视广播员和霍华德县社区大学的辅导员。

"篮球有一个很完美的从夏天到秋天的轮回，这个轮回应该从现在开始，但没有开始。我很沮丧。"杰弗逊·莫利（Jefferson Morley）在发表于《华盛顿邮报》（*Washington Post*）的关于他和切尼尔的交谈中这样写道。

停摆之前

1998—1999年的NBA联赛停摆不是毫无来由的。有些问题先前几乎造成联赛停摆。那些问题当时都得到了解决，没有影响比赛的正常进行。尽管如此，还是有一些未能解决的问题直接破坏了联赛停摆之前的谈判。

回到1983年，NBA第一次在劳资协议条款中引入专业运动工资帽的概念，规定球员收入占NBA总收入的53%。从技术上说，NBA工资帽这一规定仅实施了一年。在1983年和1988年的谈判中，双方均有收获，在某种程度上得到了各自想要的东西。在查尔斯·格兰瑟姆（Charles Grantham）的领导下，1988年的谈判进展顺利。格兰瑟姆从1976年开始担任球员工会执行委员会成员，刚刚担任球员工会执行董事。他在15年中参加了4次NBA劳资协议条款谈判，球员工会在这期间发展壮大。他曾参与发起自由球员体系，允许球员在服务期的基础上自由与其他球队协商并签约。他还启动了新手定位项目，帮助新球员适应即将在NBA开启的紧张日程。

1994年，格兰瑟姆想对之前的协议进行修改。第一是取消工资帽。这些条款是11年前制定的。第二是允许自由球员在符合其他球队条件的前提下与其他球队签约，其所在的球队不能留该球员。第三是取消大学选秀活动。这是NBA成立之初就制定的规则。大学选秀现在成为NBA的重要活动。

工会没有在谈判中获胜，因此球员在没有签新合同的情况下打了1994—1995赛季的比赛。工会后来又在法庭上失利。南区地方法院法官凯文·达菲（Kevin Duffy）站在球员的对立面。这意味着谈判还要继续进行，格兰瑟姆辞职了，联盟前任副总裁西蒙·古尔丁（Simon Gourdine）

接任。他已在 NBA 工作多年，一直担任总裁 J. 沃尔特·肯尼迪的助手。曾经的工作经历让他精通谈判技巧。当肯尼迪在 1975 年辞职时，很多人猜测二把手古尔丁可能成为 NBA 的下一任总裁，也就是美国大型体育运动联盟的第一位非洲裔总裁。1975 年 1 月《乌木》（*Ebony*）杂志的一篇名为《对于黑人职业选手来说，这是最好的世界》（*The Best of All Worlds for a Black Pro*）的文章强调了这个具有创新性的任命的可能性："NBA 在 10 月开启了第 26 个赛季，有 215 名选手参赛，其中约 132 人（61%）是黑人。NBA 18 支球队中的 5 支雇用了黑人教练。两个俱乐部的总经理是黑人。NBA 还雇用了在专业体育界具有最高水准的黑人管理者。1974 年 11 月 12 日，34 岁的西蒙·古尔丁（过去曾是美国律师）当选 NBA 副总裁。总裁 J. 沃尔特·肯尼迪在 1975 年 6 月 1 日退休。可以想象当 NBA 董事会选举他的继任者（可能在第二年 1 月）时很可能选择西蒙·古尔丁。"

最后的结果是，有些保守的 NBA 球队老板舍弃古尔丁，选择了拉里·奥布赖恩。奥布赖恩有政治经历，但没有在 NBA 任职的经历。古尔丁仍担任原职，在拉里·奥布赖恩手下干了 6 年，后来成为纽约市长郭德华（Ed

Koch)手下的消费者事务专员、警察局副局长和纽约公务员委员会的主席。1990年,他再次回到NBA,在1995年成为球员工会的执行总裁。在此期间,他牵头谈判达成长期劳资协议条款,该协议一直实施到1998年。

古尔丁继续前进

当球员并没有对管理层接受他们发起的挑战这件事感到满意时,古尔丁没有和他们站在一起。古尔丁卸任了,NBA前球员阿历克斯·英格利什(Alex English)和美国职业橄榄球大联盟原接球员比利·亨特(Billy Hunter)先后接任他的职位。后者在球员工会担任负责人16年,经历了1998—1999赛季的停摆。亨特离开橄榄球场后进入法律学校学习,后来成为律师,处理了多个大案件,曾起诉过摩托车俱乐部"地狱天使"和"黑豹党"。亨特的处事方法比古尔丁激进,他会用"必要的时候我会揍他一顿"(这里的"他"指大卫·斯特恩)这样的话来激励球员。

亨特决定为球员出头。在和NBA摊牌前,他快速了解了事情的来龙去脉。"我记得曾和35名球员在一个屋子里。出于某种原因,他们似乎只关注我将向大卫·斯特恩表现出什么样子。我认为他们感觉自己已经被 NBA 出卖了。我告诉他们无须担心。"亨特在了解球员和球队老板之间的矛盾时如是说。

> **我记得曾和 35 名球员在一个屋子里。出于某种原因,他们似乎只关注我将向大卫·斯特恩表现出什么样子。我认为他们感觉自己已经被 NBA 出卖了。我告诉他们无须担心。**

1998 年 3 月,在 1997—1998 赛季期间,NBA 的 29 个球队老板以 27∶2 的投票结果决定重启关于在 1995 赛季末签署的劳资协议条款的谈判。重启谈判很有可能,因为双方在 1995 年的协议中约定,如果球员收入超过联盟收入的 51.8% 就可以启动谈判。而当时球员的收入占联盟收入 17 亿美元的将近 57%。双方在 3 个月的时间里进行了多次谈判,但收效甚微。最重要的争论焦点之一是 1983 年开始启用的工资帽。球员对此颇有争议,而球队老板需要用工资帽来约束高得离谱的工资,小球市的球队需要用工资帽来保持竞争力。

1998 年 5 月 27 日,各球队老板制定了一个提案,其中包括取消拉里·伯德例外条款，以及不允许任何球员的工资超过球队总的工资帽的30%。这是很难实现的工资帽，导致很多例外情况出现。（拉里·伯德例外条款是为帮助球队留住明星球员而制定的。伯德和凯尔特人队的情况就是这样的。如果球员与所在的球队续约，他的工资也要符合工资帽的要求。这样球队老板就可以留住顶级球员并签下其他球员。）球队老板支持这个条款，但球员工会不支持。新球员的工资水平和NBA最低工资也需要重新谈判。在停摆时，NBA的最低工资是27.2万美元。每个球员的工资帽是每年最高1000万美元。不久之后，球员工会拒绝和解，意味着双方决裂。6月底，球队老板以27:2的投票结果决定让联赛停摆。NBA之前曾有过联赛停摆，但从没影响过比赛。这次双方不仅决裂，而且更坚定地维护各自的立场。

1995年的劳资协议条款不利于任何一方——它只是让比赛继续进行，但遗留了很多未解决的问题。

> **"** NBA之前曾有过联赛停摆，但从没影响过比赛。这次双方不仅决裂，而且更坚定地维护各自的立场。**"**

在劳工和管理层的争议中，金钱永远是最重要的问题。球员工资不断上涨，从 NBA 和 ABA 抢球员时就开始了。然而，多年后，这种趋势仍然在缓慢发展。1970 年的 NBA 球员的平均工资是 3.5 万美元，而 1977 年就达到了 13 万美元。湖人队的卡里姆·阿卜杜尔-贾巴尔的工资最高，年薪 62.5 万美元。

20 年后，凯文·加内特（卡里姆的工资位居 NBA 榜首时他只有 1 岁）签下了一份价值 1.26 亿美元的 7 年合同，即每年 1800 万美元。与此同时，在 1997—1998 赛季，NBA 的平均工资已经高达 296 万美元。不同球队之间的工资差异很大，很多球队无力向自由球员支付天文数字的工资。

球队老板还表达了其他的担忧，包括夏洛特、达拉斯、底特律、加利福尼亚、波特兰、萨克拉门托、多伦多和温哥华等地的比赛的观众上座率降低。NBA 官方也有一些担忧，比如营销收入下降、对联盟影响很不好的场外负面新闻（球员非法持有武器、家暴、吸毒等）。1997 年，《纽约时报》的一份调查显示，60%~70% 的 NBA 球员吸大麻。还有一些球员在场上有不良行为，尤其是勇士队的后卫拉特里尔·斯普雷维尔（Latrell Sprewell）

掐教练 P. J. 卡列西莫（P. J. Carlesimo）的脖子，被禁赛68 场。

> ### NBA 工资帽
>
> NBA 工资帽在 1984—1985 赛季出现，最初的标准是 360 万美元，各球队可以在这个范围内合理调整，从而保证自己具有竞争力。NBA 每年的工资帽根据每年的收入（也就是所有篮球相关收入，简称 BRI）决定。该收入来自门票、电视转播、命名权、豪华包厢、场内广告等。球员工资超过工资帽的球队将被征收"奢侈税"。这部分金额将分配给各球队，从而进一步在联盟内部达到平衡。
>
> NBA 的成功可以从 2019—2020 赛季的工资帽看出。当时的工资帽是 1.0914 亿美元。球队最低工资是工资帽的 90%，也就是 9822.6 万美元。

需要讨论的问题

除工资帽之外，NBA 需要解决的问题还有自由球员和 1983 年实行的拉里·伯德例外条款。

参加谈判的是 NBA 总裁大卫·斯特恩、副总裁拉塞尔·格拉尼克（Russell Granik）和法律顾问杰弗里·米希金（Jeffrey Mishkin）。他们代表 29 支球队的老板。这些老板中有亿万富翁，也有大企业。比如，特纳娱乐公司（Turner Entertainment）拥有亚特兰大老鹰队，康卡斯特公司（Comcast）拥有费城 76 人队。前纽约尼克斯队球星比利·亨特、NBA 球员工会总裁帕特里克·尤因和法律顾问杰弗里·凯斯乐（Jeffrey Kessler）代表 400 多位球员。

夏初，一种可怕的"暴风雨来临之前的平静"氛围笼罩着 NBA。"NBA 没有人认为那个赛季一切如常。"时任波特兰开拓者队总裁鲍勃·惠西特（Bob Whitsitt）说，"如果有人希望至少在夏季联赛不停摆，那他们并不知道自己要做什么。"

几十年来，工会和劳工问题导致各种行业的工作停摆。如今，赚着高工资的球员和教练、NBA 办公机构和 29 支球队办公机构的员工、那些指望以 NBA 赛季繁忙的活动为生的人们，都在等待着命运的降临。整个夏季，联盟和球队的很多员工开始重新考虑，如果赛季停摆，他们是否应该重新找工作。

决斗和结果

那年的7月,NBA几乎没有任何活动,只有一些投机买卖。工会领导在会议室里思考与球队老板提出的提案相对应的提案。8月,双方坐下来讨论劳资协议条款。工会拿出自己的提案,球队老板就起身离开了。

整个夏天,双方都没有提出预算。到了10月初,所有的表演赛被迫取消。也是在这个时候,亨特召集所有工会成员在拉斯维加斯开会。当球员表达自己的看法时,亨特极力保持内部团结。随着赛季临近,工会内部的团结也变得脆弱了。

篮球媒体无料可爆,于是跟进八卦新闻和关于亨特的一些故事,以及牵涉NBA联赛停摆的很多球员。但无论是媒体方面的专家还是球员都不能把对立双方割裂去解决这些问题。

10月8日,双方谈判数小时未能得到积极成果,常规赛季的前两周比赛被取消。几周之后,一位法官站在球队老板这边,认为球队老板在联赛停摆期间无须按担保合同清偿债务。1998年12月4日,经过几次数小时的谈判之后，大卫·斯特恩宣布很可能取消本赛季的比赛。双方的谈判仍在继续。NBA的大多数球迷已失去兴趣。联盟关门了，很多辅助企业也受到了影响。

斯特恩宣布这个消息之后一个月，工会向球队老板提出了一个最终的提案。这个时候，NBA已经发布了将于次年1月7日正式取消本赛季比赛的通知。1月6日，斯特恩和亨特彻夜长谈，最终敲定了一个协议，结束了此次停摆。

这个赛季的一部分被拯救回来了。NBA联赛将于1999年2月5日开始。这个赛季包括50场比赛和季后赛。联盟和球队的很多员工在停工6个月后又回到工作岗位上，也有一些人在其他地方找到了新工作。在线媒体网站Theringer.com的总结最到位："NBA的这次停摆是一个灾难。人们反复无常的性格和球员、球队老板和经纪人之间的恩怨相互交织。1998—1999赛季，NBA停摆持续了204天，导致球员工资总额损失5亿美元，联盟整体损失10多亿美元。"

球员工会对55%的工资帽做出让步，接受对球员工资的限制。这个美国主要的专业体育运动联盟第一次限制球员的工资。对那些寻求进行激烈的高薪竞标的经纪人来说，这是一个损失。球员的最低工资有所提高，新人是

28.75万美元，老球员按比例递增。工资帽也有例外情况，包括中产条款，也就是球队可以不受工资帽限制，以NBA的平均工资签一个球员一年。此外，拉里·伯德例外条款被保留下来。在损失巨大的联赛停摆中，双方都在等待对方示弱，但双方都没有示弱。最后，当赛季几乎取消时，双方才达成协议。

> "NBA的这次停摆是一个灾难。人们反复无常的性格和球员、球队老板和经纪人之间的恩怨相互交织。1998—1999赛季，NBA停摆持续了204天，导致球员工资总额损失5亿美元，联盟整体损失10多亿美元。"

影响

人们普遍认为，尽管损失了10亿美元，球队老板通过控制球员的工资占据上风。NBA将继续实施工资帽，同时有各种例外情况和方法来避开工资帽与球员签约。这两者是NBA官方的胜利。

虽然三个月没有比赛看很不高兴，但赛季一开始，球迷马上就来看了，场均上座率只从 1.7 万人下降到超过 1.67 万人。到 1999—2000 赛季，NBA 联赛的上座率接近之前的完整赛季。

在电视收视率方面，这个只有 50 场比赛的赛季和接下来的 3 个赛季的收视率均有所下降。从好的方面来说，在缩短的赛季中，圣安东尼奥马刺队在大卫·罗宾逊和蒂姆·邓肯的率领下成为第一支在与纽约尼克斯队的 5 场系列赛中赢得 NBA 总冠军的前 ABA 球队。前两场比赛在圣安东尼奥的阿拉莫球馆（Alamodome）举行，每场比赛观众超过了 3.95 万人，创下了 NBA 决赛史上的纪录。

从商业角度来看，NBA 认真地应对了联赛停摆的问题，意识到了双方争论的价值。联盟在代表球队老板利益的同时，总是能够意识到联盟的人才水准并非一成不变的。联赛停摆就像走钢丝，球队老板和球员代表需要相互妥协，而不是只关心自己的利益。最后，斯特恩和亨特完成了任务，但球队老板和球员在赛场外使的小把戏让最终的结果被推迟了。

NBA 和球迷最大的损失不是取消的 32 场比赛，而是迈克尔·乔丹第二次退役。多年之后，他再次回归，为华盛顿奇才队效力。

"我认为,如果你永远全力以赴,那么事情最终一定会解决。"

——拉里·伯德

第八章 最强盛时期

新千年、湖人队、勒布朗和电视转播大单

NBA 很快就从 1998—1999 赛季的停摆中走出来了。NBA 的产品仍然具有很强的吸引力,而且大多数球迷都很包容。NBA 停摆之后的几年,电视转播收视率有所下降,这多少与乔丹退役有关系,而 NBA 已经准备让新的球星传承张伯伦、拉塞尔、卡里姆,以及伯德、约翰逊和乔丹的精神了。营销活动已在全球展开。联盟的计划是继续在全球各地宣传 NBA,同时继续把社区活动作为重中之重。NBA 的产品仍然和过去一样强大。

2000 年,湖人队在科比·布莱恩特和沙奎尔·奥尼尔(Shaquille O'Neal)两位新星的率领下达到最佳状态，即将取得三连冠的第一个冠军。而"三连冠"这个词也成为一个体育词汇。洛杉矶的大球市时代成为开启新千年的最好方式。在三个冠军赛季中，斯台普斯中心（Staples Center）场均观众上座率达到近1.9万人。湖人队的三连冠使其收入从1.5亿美元增加到2001—2002赛季的1.7亿美元。科比和奥尼尔成为场内外的标志性人物。

新千年的第一个十年，科比对NBA影响巨大。尽管有奥尼尔，科比仍然成为NBA的门面担当，所到之处无不吸引众人的目光。他参加了2000—2010年的4场NBA决赛，使电视转播收视率达到两位数，科比衬衫、运动服等商品销量提升，他所到之处门票销量均有攀升，甚至在其他国家比赛时也一样。和在这项运动中占据举足轻重地位的其他明星一样，科比无法被忽视。在湖人队22年的职业生涯结束之后，他在篮球名人生涯中取得了场均25分、2次得分王、5次NBA总冠军的好成绩。

2015年11月，在科比的辉煌职业生涯即将进入尾声时，ESPN作家J. A. 阿丹德（J. A. Adande）写了一篇名为《为什么科比·布莱恩特对NBA如此重要》（*Why Kobe*

Bryant was so important to the NBA）的文章，介绍了科比对球队和 NBA 在全球范围不断成功产生的影响。阿丹德援引湖人队前总经理米奇·库普恰克（Mitch Kupchak）的话说："我们在全球的曝光率、签署的电视转播协议和营销活动……不能说都是科比的功劳，但当我们挨着各个城市走，去到的每个大楼里都有 3000~4000 位湖人队的球迷穿着 24 号球衣，哪怕在我们最讨厌的地方都是如此。对我来说，他是世界体育名人，已经超越了运动员的概念。你如何去量化这种成就呢？如何把这些成就与 NBA 的成就联系在一起呢？我认为它们是密不可分的。"

> **我们在全球的曝光率、签署的电视转播协议和营销活动……不能说都是科比的功劳，但当我们挨着各个城市走，去到的每个大楼里都有 3000~4000 位湖人队的球迷穿着 24 号球衣，哪怕在我们最讨厌的地方都是如此。对我来说，他是世界体育名人，已经超越了运动员的概念。你如何去量化这种成就呢？如何把这些成就与 NBA 的成就联系在一起呢？我认为它**

们是密不可分的。"

沙奎尔·奥尼尔是 NBA 历史上最伟大的人物之一。虽然奥尼尔很受欢迎，但在优中选优时他常常被忽略。他的体型和力量是巨大的优势，就像几十年前的张伯伦一样。但是，那些仔细观看比赛的人会发现，NBA 赛场上的很多大个子没有速度、传球技巧，不能拦网 2700 次，得 28000 分，4 次获得冠军。奥尼尔体型独特。这个穿 22 码球鞋、很有个性的男人总是人们谈论的焦点。和科比一样，奥尼尔也成为一种国际现象。他在做说唱歌手之后，成为 NBA 形象大使，经常作为评论员出现在 TNT 电视台（特纳电视网）的节目中。

当湖人队取得三连胜时，迈克尔·乔丹在 35 岁的时候决定参加比赛，回到了 NBA，在 2001 年加入奇才队。这个时候，他已经错过三季比赛了。乔丹的回归受到大家的欢迎。他仍然是场均 20 分的得分王，让很多年轻球员望而却步。毋庸置疑，乔丹的回归也提升了篮球赛场的观众上座率。2000—2001 赛季，奇才队观众只有 63.8 万人或者每场 1.56 万人。而迈克尔·乔丹加入之后，赛季的上座人数为 20 万~80 万人，或者每场超过 2 万人。

选秀班最高等级

从某种程度上说，NBA 的成就总是跟年度大学选秀息息相关。在 NBA 全球战略的指引下，过去仅限于美国大学运动员的项目如今向全球年轻球员开放了。虽然 NBA 选秀班中的几千人只有几人能脱颖而出，进入 NBA，但它塑造了 NBA 的未来。

2003 年，NBA 历史上最有纪念意义的选秀之一出现了，在 2003—2004 赛季之前占据头条。克利夫兰骑士队首轮第一顺位选中勒布朗·詹姆斯之后，接下来出场的 4 名球员中的 3 名都开始了全明星生涯。他们是卡梅罗·安东尼（Carmelo Anthony）、德怀恩·韦德（Dwyane Wade）和克里斯·波什（Chris Bosh）。同一个选秀班的其他球员还有约什·霍华德（Josh Howard）、肯德里克·帕金斯（Kendrick Perkins）和凯尔·科沃尔（Kyle Korver）。

勒布朗·詹姆斯在俄亥俄州阿克伦读高中时就已经是媒体争相报道的明星了，进入 NBA 之后取代科比成为门面人物。勒布朗不久就与起亚、佳得乐、雪碧、节拍（Beats）耳机、英特尔、布雷兹比萨等全球知名品牌签了代言协议，还与耐克签了 10 亿美元的终生代言协议。勒布朗很快成为自己的品牌以及 NBA 的新品牌大使——和乔丹一样，勒布朗也成为美国或者可能是全世界唯一被公认的、最有卖点的运动员。很明显，NBA 从勒布朗走红带来的上座率飙升、营销计划成功和副业收入中获得了巨大的收益。

勒布朗为克里夫兰骑士队效力 7 年，以一己之力在 2006—2007 赛季率领球队越过底特律活塞队第一次进入决赛，在 4 场比赛中败给圣安东尼奥马刺队。2010 年，勒布朗成为自由球员，体坛开始对他疯狂追捧，以至于 ESPN 在 2010 年 7 月播放了一个名为《决定》(*The Decision*) 的纪录片，勒布朗在节目中向全世界观众宣布他选择为哪支球队效力。ESPN 和勒布朗因这种过分的炒作行为而饱受争议，勒布朗决定和他在 2003 年 NBA 选秀时的同伴德怀恩·韦德和克里斯·波什在迈阿密组建自己的"超级队"。

当球队提高联盟收入时，NBA 内部有人担心球员自行组建超级队会起到不好的带头作用。各球队老板担心 NBA 的势力均衡被球员的决定轻易打破。很多球员在工资帽的限制下共同减薪，这对小球市的球队很不利。

这支新超级队按时参加了 NBA 决赛。勒布朗在期待自己的第一个总冠军赛季。

德克·诺维茨基和达拉斯独行侠队有不同的想法,那就是在 6 场比赛中战胜热火队,获得第一个 NBA 冠军。勒布朗和热火队夺得了接下来的两个总冠军。在这之后,他回到克利夫兰队,为球队赢得一次冠军。

勒布朗在杰出的职业生涯中多次创下 NBA 纪录。《福布斯》估计,他在 NBA 共积累了近 5 亿美元财富,包括数不清的代言收入。勒布朗是 NBA 的超级精英,经常被与迈克尔·乔丹相提并论。

■ 勒布朗对当地企业的影响

2018 年 7 月 2 日,勒布朗·詹姆斯第三次决定做自由球员,选择了洛杉矶湖人队。赛琳娜·希尔(Selena Hill)在 Blackenterprise.com 上发表的一篇文章,指出了詹姆斯对他签约的地方的经济带来的影响。美国企业研究所(AEI)在 2017 年发布的一项研究结果量化了他为克利夫兰队带来的影响,以及 2011—2014 年给迈阿密热火队带来的影响。希尔写道:"数据显示,詹姆

> 斯在这些城市的活动提振了当地的酒店收入、门票销售,创造了更多的就业机会,对当地经济产生了巨大影响。报告显示,在詹姆斯所在的体育馆周围方圆1英里的范围内,餐馆和酒吧的数量增加了13%。这些场所的就业率增长了23.5%。当詹姆斯离开这些球队时,这些数字便相应下降了。"

起伏

和任何其他行业的发展一样,这个行业也有高峰和低谷。从2000年开始,NBA在经济上非常成功,2003—2004赛季的收入达到创纪录的30亿美元,到2017—2018赛季末期,收入又在此基础上翻了一番。《福布斯》报道,这个由30支球队组成的联盟收入达到74亿美元,比上一个赛季增加25%。2018—2019赛季末期,NBA收入达到80亿美元。

随着不断将新想法付诸实践,积极在本国和国际扩张,NBA收获了很多高光时刻。多年来,NBA始终在不断做大做强,比如将全明星赛转变为为期3天的联盟庆典。NBA还从1980年开始在电视上播放大学选秀比赛实况，与美国职业橄榄球大联盟相同。1999年，NBA建立了自己的电视网络，这是美国第一家由专业体育运动联盟运营的商业订购网络。

NBA电视经过20年的发展，目前已经覆盖了全美5000多万个用户，内容包含原创节目和赛事转播，其中包括WNBA的比赛。NBA电视继续利用NBA的全球影响力在40个国家转播篮球比赛实况。

电视始终是NBA营销和收入来源的重要组成部分。2016年，NBA宣布与美国广播公司和ESPN（迪士尼所有）以及TNT、NBA电视（二者都归特纳广播公司所有）签署标的为240亿美元的为期9年的电视转播协议。该协议从2016—2017赛季开始生效。此举使NBA收入增长为每年超过26亿美元。与之前的协议相比，新协议使NBA的收入增长了180%。此外，新协议还使其他地区的比赛得到转播，进一步推广了篮球这项运动。

2014年10月，《体育画报》刊登的一篇文章援引NBA总裁亚当·西尔弗对该协议的评价说："迪士尼和特纳广播公司共同造就了NBA的声望，我们非常高兴和它们合作。签署这些协议之后，我们的球迷就可以继续从美国广播公司、ESPN、TNT、NBA电视及其网络数字平台的赛事转播中获益了。"

签名球鞋市场不断发展

多年来，网络电视转播顶级球队在周日下午的比赛实况，因此球迷对凯尔特人队、湖人队、乔丹所在的公牛队等球队很熟悉，但其他球员仍然未被大众所知。这一切现在发生了变化。如今，很多球员有自己的众多球迷，提升了个人品牌，进而用其签名品牌球鞋为NBA的营销做出了贡献。

飞人乔丹开启的行动演变成了NBA球员的一个重大仪式。科比、奥尼尔、勒布朗·詹姆斯、斯蒂芬·库里（Steph Curry）、詹姆斯·哈登（James Harden）、凯文·杜兰特（Kevin Durant）、凯里·欧文（Kyrie Irving）等顶级球星都跟耐克、阿迪达斯等大牌企业签了代言合同。

在某些情况下，有些球员和那些寻求与NBA球星合作的小企业签代言合同。在篮球这项运动的全球影响力下，德怀恩·韦德、克莱·汤普森（Klay Thompson）、拉简·朗多（Rajon Rondo）等球员与中国企业签署了代言合同。

> "飞人乔丹开启的行动演变成了 NBA 球员的一个重大仪式。科比、奥尼尔、勒布朗·詹姆斯、斯蒂芬·库里、詹姆斯·哈登、凯文·杜兰特、凯里·欧文等顶级球星都跟耐克、阿迪达斯等大牌企业签了代言合同。"

球鞋企业很清楚 NBA 球员对销售的影响,并愿意出数百万美元给下一个潜在的超级球星。这仍是在赌博,因为并非所有球员都能主宰球鞋市场,但总有"押对的宝",而且球鞋大鳄也准备去选择他们了。比如,蔡恩·威廉森(Zion Williamson)在 2019 年 NBA 选秀的几个月内被新奥尔良鹈鹕队(New Orleans Pelicans)选中。他与耐克旗下的乔丹品牌签署了为期多年的价值 7500 万美元的协议。

虽然 NBA 不是生产鞋的企业,但品牌形象大使签署的鞋类代言协议为其带来了不可估量的商业价值。这也为品牌形象大使带来了收益。

赞助

NBA 获得的赞助费在 2017 年第一次超过 10 亿美元,

位于美国职业棒球大联盟之上、美国职业橄榄球大联盟之下。在此之后，NBA 继续寻求更多的赞助。NBA 近期赞助收入增加的部分原因是将球员服装上的部分区域（2.5 英寸×2.5 英寸）以"补丁"的形式卖给了广告商。基于美国纳斯卡汽车赛（NASCAR）和足球广告的成功经验，NBA 允许球队在制服上留出一块空间用于广告商的名字或标识。这个做法在 2009 年 WNBA 的比赛中第一次实施。

最初，不是所有 NBA 球队都支持这个想法。在 NBA 决定这样做之后的第一个赛季，有 21 支球队加入。这样做的球队每年的收益增加 650 万美元左右，预计 30 支球队不久都会加入这个新的赞助协议。

■ 再次向夏洛特扩张

在 21 世纪的前 20 年中，夏洛特只有一支球队加入 NBA，那就是夏洛特山猫队（Charlotte Bobcats）。这也是第二支以夏洛特为主场的球队。最初的夏洛特黄蜂队搬到了新奥尔良。这支新球队名叫山猫队。但在新奥尔良黄蜂队改名为新奥尔良鹈鹕队之后，夏洛特山猫队拿回了这个名字，成为第二支黄蜂队。

NBA 的第一

开拓新疆界是 NBA 的传统。这是前瞻性企业的标志。NBA 在每个时代都有跨越式进步,并在 21 世纪初和 21 世纪第一个十年开创了很多第一。

- 2001 年,NBA 有了第一位女教练丽莎·波伊尔(Lisa Boyer),她担任克利夫兰队教练,在克利夫兰队效力一个赛季。NBA 第一位全职女助理教练是贝基·哈蒙(Becky Hammon),她在 2014 年加入格雷格·波波维奇(Gregg Popovich)教练的团队,为其效力多年。2019 年,丽莎·戈特利布(Lisa Gottlieb)被克利夫兰队从大学招收,成为该队第一位女教练。早在 1997 年,NBA 就开始雇用女裁判了。

- 2005 年,NBA 启动了第一个社区服务项目——NBA 关怀行动。该项目旨在解决国内和国际的社会问题。现任和前任球员以及 NBA 和 WNBA 球队的工作人员自此开始参加在 40 个国家举办的数百场社区外展活动、教育、个人充电项目等。NBA 关怀行动还与基督教青年会、联合国儿童基金会

(UNICEF)、自闭者之声（Autism Speaks）、美国男孩女孩俱乐部、许愿基金会（Make-A-Wish Foundation）、防止虐待儿童组织（Prevent Child Abuse）、特殊奥运会、红十字会等机构合作。NBA关怀项目的其他特殊项目还包括绿色NBA（NBA Green）、空中接力扣篮（Hoops for Troops）、NBA训练（NBA Fit）、NBA声音（NBA Voices）、精神健康（Mind Health）等。

- 2010年，在NBA最后一次退役7年后，迈克尔·乔丹买下了夏洛特黄蜂队的控制权，成为大型北美体育队伍的第一位非洲裔美国老板。乔丹生于布鲁克林，在北卡罗来纳州成长和读大学的经历让他对这个州产生了深厚的感情。在经过近十年的失败后，乔丹在2019年将这支球队的部分权益卖给了华尔街的一些高管，从而让其迈入正轨。

- 2017年，总在寻求新机遇的NBA与佳得乐公司签订协议，为NBA发展联盟［也就是D联盟（D-League）］提供支持。D联盟创立于2001年，现在改称G联盟（G League），是第一个由大品牌赞助的专业体育运动联盟。G联盟的目的是培养球员。

在佳得乐的助推下，G联盟获得了更高的知名度，得到了更多的媒体关注和报道。该联盟有28支球队，已然成为NBA旗下重要的小体育运动联盟。NBA球员最小年龄是19岁，而G联盟是18岁，这样就给优秀球员一年的时间磨炼技艺。G联盟的很多球员都成为NBA新秀。G联盟各支球队成为NBA俱乐部的附属，大多数球员是G联盟自由球员，而不是NBA球员，因此可以和任何NBA球队签约。

第五任总裁

大家都知道，大卫·斯特恩有一天会卸任，而接替他的职务是个挑战。这一天在2014年到来了。在NBA掌舵30年后，斯特恩认为自己应该开始新生活了。幸运的是，NBA培养了一位继任者。这个人精力充沛，已经做好准备继承斯特恩和肯尼迪的衣钵，他就是亚当·西尔弗。1992年，他担任总裁特别助理，开始在NBA的职业生涯。在NBA担任包括副总裁在内的多个领导职位后，西尔弗被董事会全票选举为新任总裁。他终于可以用自己22年的经验为NBA做出自己的贡献了。

> 西尔弗的做事风格和他的前任很像——积极、坚持学习、不断接受新想法、进行创新,让联盟继续发展。
>
> 在西尔弗的领导下,各球队老板和球员工会在2016年达成劳资协议条款,NBA签署了价值241亿美元的电视转播协议。NBA的营销推广活动进一步吸引球迷来比赛现场观赛,推动联赛上座率达到新高,在2017—2018赛季观众人数第一次达到220万人。这种结果让球队整体价值从西尔弗刚接任时的120亿美元急速上升到600亿美元。西尔弗签署了5年的延期合同。

低谷

任何企业都不可能永远一帆风顺,NBA在70多年的发展历程中也战胜了很多困难。在21世纪前20年,NBA发展良好,球队和球员的收入达到新的高峰,更多的比赛被转播,上座率创下新纪录。但是,在这个过程中也有很多不利因素,如那些不幸成为头条新闻的失控的赛场争执场面。

2004—2005赛季的11月，步行者队和活塞队在奥本山宫殿球馆（底特律活塞队主场）的比赛变得混乱不堪，这是NBA历史上从未出现过的。当比赛时间只剩不到一分钟时，步行者队的前锋罗恩·阿泰斯特（Ron Artest）对活塞队的中锋本·华莱士（Ben Wallace）严重犯规。华莱士被激怒，用力推了阿泰斯特。很多球员想去调停，也有球员被华莱士的行动激怒。事情看似逐渐平息的时候，阿泰斯特不知为什么躺在了计分台上，一位离得很近的球迷泼了阿泰斯特一身啤酒。

接着，事情变得更加不可收拾。球员和球迷之间的隐形围栏被打破，这是NBA历史上的第一次。阿泰斯特被冒犯之后愤怒地冲向人群。球员和球迷之间出现骚动，场面惨不忍睹。保安和警察把步行者队的队员带离球场，进入更衣室。而活塞队的球迷继续向球场扔啤酒瓶和酒杯。

大卫·斯特恩对此事的回应是"令人震惊、让人厌恶、不可宽恕——是对NBA每个人的羞辱"。两支球队面临被取消比赛资格和缴纳巨额罚款的命运。6名步行者队球员和4名活塞队球员被取消参赛资格——阿泰斯特被取消剩余赛季的比赛资格，而队友斯蒂芬·杰克逊（Stephen Jackson）因跟随阿泰斯特进入人群而被取消30场比赛的参赛资格。5名球员面临刑事指控，用为社区服务的形式弥补了自己的过错。还有另外5名球员面临刑事指控，被终身禁止参加活塞队在奥本山宫殿球馆进行的比赛。

不久之后，NBA解决了安保问题，限制比赛期间销售的饮料的规格和数量，在比赛第三节后停止销售啤酒。在球队和球场上增加了保安人手。

2011年，NBA联赛面临第二次停摆。这次停摆导致比赛日程被打乱，亨特和斯特恩在赛季开始之前就在媒体面前打嘴仗。亨特说"有99%的可能停摆"，斯特恩说他正在寻求"球员工资降低三分之一，从而让每个赛季花在球员身上的费用减少7.5亿~8亿美元"。

在2010—2011赛季成功结束后不久，NBA联赛停摆就开始了。很多球员沮丧地开始考虑加入欧洲联盟，其中最主要的是科比·布莱恩特，尽管让联赛停摆可能只是双方进行谈判的伎俩。谈判再次陷入僵局。和上一次停摆一样，NBA季前赛被取消。随着无数毫无进展的闭门会议的进行，双方的言论被发布到推特上。几个月来，双方进行了多次对话，但没有任何进展。球迷、球员和球队老板开始准备迎接1998—1999赛季NBA联赛停摆的再次上演。

但是，这次联赛停摆在 11 月末，也就是双方谈判开始将近 150 天后悄无声息地结束了。这个赛季只少了 16 场比赛。NBA 董事会以 25∶5 的投票结果通过了一个新的十年劳资谈判协议。损失的 240 场比赛让联赛的上座人数在 7 个赛季第一次下降到 2100 万人以下，但每场比赛的平均上座人数只下降到 1.7 万人左右。下一个赛季（2012—2013）NBA 的上座率回到了停摆前的水平。

一个令人震惊的事件是裁判蒂姆·多纳吉（Tim Donaghy）的赌球丑闻。美国联邦调查局的调查导致多纳吉被捕。他承认参与电信诈骗，通过州际交易传输赌球信息。多纳吉两罪合并，被判处 15 个月监禁。多纳吉被指控在 2006—2007 赛季担任裁判期间赌球后，ESPN 开始启动独家调查报道，调查显示多纳吉在之前的 4 个赛季参与了赌球活动。

这类赌球丑闻过去也曾在专业比赛和大学运动中出现过，比如 1919 年的黑袜子（Black Socks）丑闻、皮特·罗斯（Pete Rose）赌球事件、20 世纪 50 年代波士顿大学篮球队让分丑闻。这是 NBA 历史上第一次出现这类事件。

总裁大卫·斯特恩起初不相信，但明确表示 NBA 将全力配合美国联邦调查局的调查。他们也真的这样做了。一个裁判在比赛尾声时吹犯规哨,从而轻微改变比分的做法很难让人相信。这似乎很难真正做到。这促使斯特恩采取了更坚决的态度来修改 NBA 裁判规则和进行个人背景调查。随着技术的进步,如今的比赛可以留下影像资料,可以对裁判的工作进行更严格的监控了。

《纽约时报》报道,在 2007 年 7 月的媒体发布会上,斯特恩告诉记者联邦调查和赌球丑闻一事,并表示有必要维护篮球运动的洁净。他说:"我们以这种方式严格履行对球迷的责任。我可以告诉你,这是我作为 NBA 球迷、NBA 律师和 NBA 总裁遇到的最严重的、最糟糕的事情。"

任何企业都无法预测自己面临的问题,关键在于领导层如何应对那些最出乎意料的事。在这种情况下,NBA 总是能够真实地报道事情的真相,进行学习,做出必要的改变,如采取安保措施来阻止类似奥本山宫殿球馆事件的发生,通过深入调查来维护联盟工作人员的清廉。从错误和意外事件中学习是企业不断前进的最好方法。

结 语

如今的 NBA

NBA 是一个蓬勃发展的企业，也是体育运动联盟在全球发展的典范。《福布斯》报道，NBA 的每支球队目前的价值都接近 20 亿美元，在 5 年内增长了 2 倍。NBA 在 2017 年达成劳资协议后，联赛停摆再没出现过。该协议有效期将持续到 2023—2024 赛季。

大量新秀的加入加快了 NBA 的发展。NBA 的销售计划仍达到 10 亿美元，勒布朗·詹姆斯、斯蒂芬·库里、扬尼斯·阿德托昆博、凯里·欧文和乔尔·恩比德等球星的球服销量打头阵。而与 ESPN 和 TNT 签署的电视转播协议也为 NBA 带来了 240 亿美元的收入。Investopedia.com 报道，与地方电视台签署的合同每年为 NBA 带来 1.2 亿~1.5 亿美元的收入。包括 NBA 电视在内的有线电视和流媒体服务也保障了 NBA 的收益。

> "《福布斯》报道，NBA 的每支球队目前的市值都接近 20 亿美元，在 5 年内翻了 3 倍。"

数字营销和社交媒体

如今，任何企业与社交媒体的关联对营销成就至关重要。很难直接量化借助社交媒体带来的收益，有数据显示，主流社交媒体平台用户之间的互动惊人。Statista.com 报道，2019 年 9 月，NBA 在脸书和推特上的粉丝总数超过 6600 万人。这个数字比其他任何体育运动联盟都多。NBA 在 Instagram 上的粉丝数大概有 2800 万人。

博主托尼·安德拉昂那（Tony Adrangna）讲述了 NBA 采用的一些主要的营销手段。安德拉昂那指出 NBA 在官网主页上贴出了很多作者写的原创内容。各球队雇用专业作家在球队官网上撰写比赛总结和各类文章。他还指出 NBA 通过及时发布信息、更新信息、发布球队特写和举办活动等拉近与球迷的距离。

关于社交媒体,安德拉昂那写道:"没有哪个专业体育运动联盟在社交媒体方面比 NBA 做得更好。NBA 每支球队雇用一位社交媒体经理负责实时更新球队的社交媒体网页内容。"

安德拉昂那还提到经常更新社交媒体内容、保持内容具有趣味性(这样粉丝才更愿意回访)的好处,以及与受众互动的重要性。NBA 通过在社交媒体上发起投票、调查和其他形式来与球迷互动。此外,NBA 和各球队还用图表和各种视频来增加与粉丝的交流互动。

还应该注意的是,NBA 的数字在线和社交媒体营销战略的范围超越了场内活动。NBA 利用各种图片和文章来介绍其场外活动,如 NBA 关怀行动、篮球无疆界等。这些内容超越了体育范畴。

■ 目睹名人 = 免费代言

很难量化名人给一个企业带来的效益,但 NBA 比赛时经常有名人出现,不限于纽约和洛杉矶这样的大球市。考虑到名人代言或出席公司活动的成本,有名人球迷现场观看 NBA 比赛是一个大大的加分项,有助于扩大 NBA 的知名度。

事实上，名人球迷多年来已然成为 NBA 比赛的一大看点。与足球场和棒球场不同，篮球赛场较小，像杰克·尼科尔森（Jack Nicholson）出现在湖人队比赛现场和斯派克·李出现在尼克斯队比赛现场这样的情景十分惹眼，为 NBA 增添了光彩。和产品代言一样，普通球迷和名人在同一个场地看同一场比赛时彼此就建立了联系。

除尼科尔森与李之外，经常在现场观看 NBA 比赛的名人观众还有：观看猛龙队比赛的德雷克、观看 76 人队比赛的凯文·哈特（Kevin Hart）、观看勇士队比赛的杰西卡·阿尔芭（Jessica Alba）、观看洛杉矶快船队比赛的比利·克里斯托、观看活塞队比赛的埃米纳姆（Eminem）、观看凯尔特人队比赛的马特·达蒙（Matt Damon）、观看尼克斯队比赛的伍迪·艾伦（Woody Allen）、观看火箭队比赛的碧昂丝（Beyoncé）等。

除名人观看 NBA 比赛外，NBA 还有很多名人老板或联合老板——斯潘克斯的创始人萨拉·布雷克里（Sara Blakely）、威尔·史密斯、贾达·平克特·史密斯（Jada Pinkett Smith）、杰–Z、

> 贾斯汀·汀布莱克（Justin Timberlake），还有成为《创智赢家》（*Shark Tank*）电视明星的马克·库班（Mark Cuban）；还有夏洛特黄蜂队的多数股份拥有者迈克尔·乔丹、前NBA明星格兰特·希尔（Grant Hill）、奥尼尔、"魔术师"约翰逊都成为球队的少数股份拥有者或老板。

新"联盟"

如今，NBA有了一个新"联盟"。这个联盟存在于广受欢迎的游戏世界。它是在游戏NBA2K的基础上建立起来的。在NBA的支持下，这个游戏成为市场上最好的视频篮球游戏。NBA2K系列游戏在1999年面市，经过20年的强势发展，目前每年的全球销量为近1000万份。

2019年，NBA总裁亚当·西尔弗在发表于《福布斯》杂志的一篇文章中表示："一代篮球迷通过NBA2K游戏接触并了解NBA球队和球星。我们很感谢与Take-Two和NBA球员工会合作来建立NBA2K球队的声望，推动篮球运动在全球范围内不断发展。"

这款游戏造就了NBA2K联盟。2018年，NBA和开发商 Take-Two 公司共同发布了这个专业竞赛游戏。这个一流游戏为顶级玩家提供独特的 NBA 游戏体验，为冠军提供大量奖金。《福布斯》报道，亚当·西尔弗将它称为"NBA 的第四个联盟。另外三个联盟是 NBA、WNBA 和 G 联盟"（备注：NBA2K 第一个赛季的全球观众在线时长超过 76 万小时）。

Jr. NBA 世界锦标赛

2018 年，NBA 启动了第一场年度 Jr. NBA（NBA 青少年篮球发展项目）世界锦标赛。Jr. NBA 项目始于 2015 年，是为青年篮球联盟或机构［如美国男孩女孩俱乐部、社区中心、基督教青年会、希伯来青年妇女协会（YM/YWHAs）、警察运动联盟等］打造的自由会员项目。这些联盟或机构可以在线加入。各类资助项目也可以帮助球队筹集资金。

一个全球性项目被恰当地命名为"世界锦标赛"，参加者有代表美国不同地区的代表和世界各地的代表。来自 35 个国家的 32 支球队的 300 多名青年球员参加了首场 Jr. NBA 世界锦标赛。这场比赛在佛罗里达州奥兰多举行，为期一周，有很多社区项目、技能课程以及迪士尼公园之旅。当地的比赛也被加入赛程中。

Jr. NBA 项目的教练都是经过专业训练并得到美国篮球协会（美国本地教练）或国际篮球联合会（国际教练）认证的教练。此外，和篮球无疆界项目一样（侧重年龄较大的球员），该项目得到了 NBA 和 WNBA 球员的支持，2019 年的 Jr. NBA 世界锦标赛形象大使是 NBA 的德怀恩·韦德和 WNBA 的坎迪斯·帕克。

Jr. NBA 项目旨在展示最佳球队形象，NBA 对参赛的青年球员密切关注。"我们去年和美国篮球协会及一些篮球专家制定了一些标准。这些标准真正关注球员健康，确保不让青少年在年幼时太频繁地参加比赛。"NBA 社会责任和球员项目总裁凯西·贝伦斯说，"这个锦标赛不仅关注场内比赛，还关注社区活动、生存技巧等。"

NBA SWOT 分析

所有的这些因素让 NBA 饱受关注，同时增加了收入。我们有必要通过 SWOT 分析法来深入分析 NBA 立于不败之地的原因。SWOT 分析法分析的内容包括目前 NBA 的优势和劣势,以及面临的机会和威胁。一个企业的优势和劣势是内部因素,而机会和面临的威胁往往是外部因素。

NBA 的优势

- 不断有新秀通过大学和国际选秀活动加入,让 NBA 联赛保持专业篮球的最高水平。联赛观众上座率稳步提升,最近几年创下新纪录。
- NBA 建立并维护了强大的多元化的观众群体。观众年龄小至 10 岁、大至 60 岁以上,平均年龄为 42 岁。NBA 还拥有庞大的未成年球迷和国际球迷群体。
- NBA 不断与媒体签署转播协议,保障比赛在全球 40 多个国家转播。其行动包括:

  让广告商和赞助商受益;

  完善全球销售计划;

  引入青年球迷和种子球员。
- 在各国开设和运营办公机构让 NBA 更方便与海外企业签署协议,监控 NBA 联赛在海外的受欢迎程度,掌控 NBA 在每个国家的发展趋势。

- 在国内外开展的社区活动（如 NBA 关怀行动和绿色 NBA 等）将球迷和球员联系在一起。
- 青年训练营等活动教授年轻球员场内、场外的重要技巧。
- 通过说唱、嘻哈和电影等流行文化形式在社交媒体和线下活动中将球员和球迷联系在一起。游戏迷如今有了由 NBA 发起的篮球游戏和游戏联盟。
- NBA 电视全天播放 NBA 和 WNBA 联赛及相关节目。
- NBA 的商品销售仍然是全球性的市值数十亿美元的产业。
- 耐克（NBA 与耐克签署了价值 10 亿美元的协议，在 2017—2018 赛季开始生效）这样的企业提供赞助，使 NBA 的收入继续提高。

NBA 的劣势

- 大球市球队（和部分小球市球队）的高票价和分配给普通球迷的门票不足。这主要是由于很多球市的独立比赛门票有限，二级市场门票转售势头强劲。像金州勇士队、洛杉矶湖人队、纽约尼克斯队这样的球队门票为每个座位500美元以上。
- 球员对所在球队不满（如安东尼·戴维斯对新奥尔良鹈鹕队，吉米·巴特勒对森林狼队等）让球迷失望，球队内部的平衡被破坏。
- 越来越多的球员签署短期自由球员协议，在不同球队之间转换，影响了球迷对球队的忠诚和电视收视率。
- 年轻球迷正在远离线性广播，寻找在业余时间观看比赛的球迷变得更难，这导致 ESPN 和 TNT 收视率下降，尽管下降得不太剧烈。
- NBA 的年度全明星赛收视率下降，这可能是因为筛选流程不合理，没有给球迷明确的说明（如东区和西区）。

NBA 的机会

- 过去30年来，篮球运动在全球遍地开花，而欧洲和印度等地还有挖掘球迷的空间。
- 球迷热情高涨，NBA 可以考虑进一步向新市场和原有的市场（如西雅图和圣路易斯）扩张。
- 可以通过改变日程，让 NBA 和 WNBA 的赛事日程相互重叠来提升潜在的 WNBA 球迷的兴趣，从而提升连续举行两场比赛和跨联盟销售的可能性。
- 可以把展示活动、夏季比赛与 NBA 关怀行动及其他社区活动深度捆绑，从而吸引更多球迷，为慈善活动筹集更多善款。
- 目前 NBA 有很多外展项目，但仍有进一步扩展的空间。

NBA 面临的威胁

- 对竞争性体育运动联盟来说，最大的威胁是在任何时间段出现不平衡发展的情况。很多球队经营不善，最终会失去球迷和收入。
- NBA 必须继续追踪看比赛的人群，了解其什么时候看比赛、在哪里看比赛。NBA 已经在数字技术上落后了，如果继续将重心放在电视直播上，那么，在流媒体方面就会处于劣势。
- 兴奋剂、毒品、非法和暴力活动已经在体育界出现，它们可能对 NBA 的形象产生不利影响。NBA 要在反兴奋剂方面保持警觉，并且时刻关注球员和联盟工作人员可能出现的其他有问题的活动。
- 球员和球队老板之间不和导致联赛长时间停摆可能是毁灭性的。
- 票价对普通球迷来说偏高。这个问题可能会变得更加严重。快速发展的门票二级市场使球迷买票变得更难。根据2016年出台的《在线票务销售优化法案》，利用"机器人"抢票被定为非法行为，但票贩子的购票记录显示这种趋势还在上扬。有人使用"机器人"发现最新的 NBA 球员签名球鞋，然后在二级市场高价转售，这种趋势还在继续。
- 地缘政治因素。作为一个全球性体育运动联盟，NBA 会受政治事件的影响。政治事件会造成争议，进而影响 NBA 与其他国家政界或商界的关系。

很明显，NBA 具有实力，多年来发展迅速。20世纪80年代早期，NBA 在近40年的基础上越来越受欢迎。大卫·斯特恩开始利用这一趋势。一旦联盟开始走上上坡路，30支球队就都开始盈利。

NBA 的劣势都是可以改变的，其中很多问题其他运动也有，比如定价、动态定价（意味着利用供需关系来改变价格）、兴奋剂问题（需要保持警觉，制定反兴奋剂政策）。其他的问题只需与时俱进，这也是NBA一直以来对比赛、社交媒体和流媒体服务所做的。至关重要的是，面对不断变化的技术或观众类型（电视或其他媒介），NBA要保持领先势头。

对NBA这样的成功企业来说，应根据赞助商、球队老板和联盟认为能够改善球迷体验的内容来认真筛选机会。这适用于场内比赛和社区工作。社区工作拥有无限的可能性，尤其是在NBA全球化发展的过程中。

对NBA来说，两个最显著的挑战是维护联盟内部平衡，从而保持球迷对各支球队的兴趣，以及让票价合理，保证普通球迷能够买得起。当球迷对那些经营不善的球队失去兴趣时，平衡就成为问题。最近几年，这并不是一个威胁，但如果有球队不能维护自己的球迷群体，就必须想出新点子来改善这些经营不善的小球市球队。

定价问题是NBA可以解决的。由于篮球场的座位比棒球场馆少，而且球队有一半时间在打主场比赛，因此门票更少，球迷对门票的需求也就更大。这就使NBA和各球队密切关注二级市场，采取必要方式来控制被票贩子炒得高得离谱的票价,在那些把倒卖门票定为非法活动的地方打击票贩子。和劣势一样,NBA面临的威胁也是可以通过关注联盟整体和球队来改变的。

商业经验和机会

大卫·斯特恩总在讲述的一个经验是要向做成大事的人学习,无论他们是否与你处于同一行业。因此,NBA的商业方法论对那些并没有计划创建专业体育运动联盟的企业家来说也是有效的。它源自70多年的发展历程和五代领导人攻坚克难、孜孜以求地寻求解决方案、与球队老板和强大的工会并肩创造并维护这个杰出企业的努力。

> "NBA的商业方法论对那些并没有计划创立专业体育运动联盟的企业家来说也是有效的。它源自70多年的发展历程和五代领袖导人攻坚克难、孜孜以求地寻求解决方案、与球队老板和强大的工会并肩创造并维护这个杰出企业的努力。"

以下是NBA的5个经验。

1. 你无须白费力气做重复的事。很多成功企业并不是第一个在其所处的行业实现突破的企业。比如，Myspace（我的空间）在脸书之前出现；卡尔·本茨（梅赛德斯奔驰）在1883年开始销售汽车，比福特早几年。此外，NBA推出了一款诞生于19世纪90年代的游戏的专业版。NBA登上两大专业篮球联盟（其中一个创立于20世纪30年代）的巅峰。

波多罗夫和最初的球队老板做的事是引进在大球市打比赛的其他球队的顶尖年轻人才，合并现有球队，让双方受益。他们采用了两大联盟过去的基本比赛规则，也做了必要的调整来改善产品。通过以现有产品或服务起步，你可以利用可用的、改变不可用的，从而能够提供满足潜在市场需求的更好的产品或服务。在现有基础上，你的优势在于无须从头引进全新的产品或服务。多数大公司都是在一定基础之上不断改善而得以发展的。

不要害怕创新。在联盟创立初期，NBA启动了大学选秀活动，从而实现优秀球员从大学到NBA的无缝对接，在这个过程中又不会失去已有的球迷。后来引进的24秒规则加快了比赛进程，而三分球（ABA首创）为比赛带来了新的发展。

创新意味着不要害怕尝试新事物。多年来，各种公司不断扩展业务，比如，乐高从一个以可连接塑料拼接块为特色的玩具制造企业发展成为销售程控机器人和制作特色（特殊类型）电影的市值数十亿美元的企业。企业不要在已有的单个产品或服务上停滞不前，要持续改善自己的产品或服务。

> **后来引进的 24 秒规则加快了比赛进程，而三分球（ABA 首创）为比赛带来了新的发展。**

2. 不要停止扩张自己的品牌。NBA 从一个 17 支球队的联盟发展成为拥有 30 支球队的联盟。NBA 鼓励球队老板在当前主场无法盈利时寻找新地方。NBA 紧随棒球队西进，向尚未开发的市场扩张。

不断向新市场推销产品或服务，这种扩张对整体成功是至关重要的。这可能是地理上的扩张，也可能是技术上的扩张；可以通过网站或社交媒体进行，或两者兼有。

品牌扩张意味着不断从现有产品中产生出衍生品。这常常需要根据对市场的研究来计算风险。有一个显著的例子：在饮料行业中，大多数企业会在最初产品的基础上销售配餐饮料、无咖啡因饮料或者不同形式的饮料（一般是多种口味混合）。NBA 的副产品有 WNBA、NWBA（国家轮椅篮球协会）、Jr. NBA、NBA 中国、NBA2K 等。每种产品都是同一个产品（篮球比赛）的不同版本。

3. 利用品牌形象大使，追随当前流行趋势。对 NBA 来说，品牌形象大使的能量很大。当大多数企业不再用超级明星在全球推广自己的品牌时，在你所处的行业发掘和利用一流从业者（主要是产品/服务使用者、最有影响力的社区成员和发言人）来扩张你的品牌是必需的。你应该联系当地或全国的名人来为你服务，还要参与社区活动来吸引有影响力的成员和名人。

要把握当前的流行趋势。比如，了解最新的时尚潮流可以让你知道你的品牌标识或公司名称会出现在人们穿的哪些服装上。要把你的品牌与对你的买家有益的事物联系在一起。NBA 球员按照自己的想法来接受流行文化，如说唱歌曲和电影。除进入流行游戏市场外，NBA 还与米高梅电影公司合作打入越来越受欢迎的体育博彩行业，利用实时数据平台进行微博彩活动。简而言之，只要是潮流、时尚，或者能在目标市场引起反响的，就要挖掘进入新市场或者至少让你的名字/标识变得醒目的可能性。

4. 要有本地和全球社区思维。 多年来，NBA 通过社区服务项目来完善教育，重建邻里关系，满足社会需要。企业接触社区，参与社区事务，对社区产生积极的影响并不难。这超越了体育运动本身，为企业带来了社会意识的提升。这种社会意识的提升往往是正面的。

不是每个企业都能产生全球性影响。大多数企业，尤其是通过互联网推广的企业在国际市场上有一席之地。而获得全球影响力就意味着你在扩张市场。

NBA 通过在海外开设办公机构来了解其他国家的市场，与外国企业合作，提高相关国家篮球市场的热度。毕竟，如果要在世界其他地方推销自己的产品或服务，你就需要了解当地人想要什么以及如何接触他们。比如，除提高在中国的知名度外，各企业也可以通过做调研来打造流行的产品。比如，2018 年，美国的服装、鞋、运动服饰（包括耐克和阿迪达斯运动鞋）和维生素或营养补充剂在中国都很受欢迎。

要记住，在海外发展的成功秘诀是确保先在国内知名。20 世纪五六十年代，NBA 没有计划去海外发展，当时联盟仍处在成长的苦痛中。当联盟稳步发展，产品广为人知时，NBA 才开始向全球发展。麦当劳的发展历程如出一辙。麦当劳在向海外扩张前已经在美国广为人知。在向海外扩张时，要了解其他国家的习俗、语言习惯和文化，这样才能更好地推广自己的产品。实际上，"出发之前你要先了解情况"，要最大限度地利用科学技术。在NBA刚起步时，频道有限的黑白电视是它的唯一选择，而不是收音机。NBA从一开始就利用最新的科学技术，多年来签了不少电视转播合同。只要产品好，赞助商高兴，联盟就会稳步发展。当收视率下降时，NBA就在20世纪70年代陷入"延迟播放"的危机之中。于是，NBA与电视媒体合作，重新安排比赛日程，这样就可以避免和黄金时段的电视节目撞车。多年来，NBA的电视转播协议签得越来越多，部分原因是篮球比赛受欢迎，另一部分原因是越来越多的电视媒体希望从NBA的活动中分一杯羹。

NBA在应用最新科学技术时总是很激进，与有线电视签了合作协议——在20世纪70年代实现了突飞猛进的发展——后来通过特纳广播公司和NBA电视开启了自己的媒体网络。随着互联网发展，NBA紧跟形势，通过网站来支持各个联盟和球队的发展。NBA用精彩的内容来充实博客，雇用作家定期更新网站内容。当社交媒体风靡之时，NBA又打入脸书、推特等社交媒体平台。当流媒体走入人们的视野时，NBA又紧跟潮流。

问题的关键在于，随着媒体的多元化发展，一个成功的企业需要走在潮流前面，进入能够接触到目标受众的每个新媒体中。企业需要雇用专业人员来花时间和精力研究最新的科学技术，确保企业应用最新的科学技术。如果企业没有自己的内部程序，那么可以借助其他外部程序、播客和视频平台，利用品牌形象大使、名人、商界领袖和赞助商来推广你的产品。

在努力接触受众时，跟随媒体潮流至关重要。比如，千禧一代很少看电视直播，更多的是看互联网视频——他们也喜欢听与企业有关的某个事件的播客。你要去了解你的受众接收信息的最佳方式，然后使用这种媒介。NBA就是通过不断发掘新渠道，在各个平台或渠道上发布有用的信息，从而建立起了令人难以置信的全球媒体形象。

5. 在周详考虑之后采取行动，战胜困难。五任NBA总裁有一个共同点：多年来，他们都在面临挑战时让NBA内部保持平衡（从表面上看），同时与球队老板和球员工会密切合作。

当年，ABA 在经过几年发展之后，（将挖球员的行为考虑进来）对新联盟采取了"观望态度"，没有改善自己的产品，只是在必要时采取法律行动。球队老板和球员有争论，但最后共同冷静地解决了问题。对联盟造成重创但没有击碎联盟的其他灾难也是被这样处理的。

保持正直、拥有自豪感、透明度和强有力的文化，让参与其中的每个人愿意成为企业的一员，你才能灵活而富有成效地解决问题。我们要像 NBA 一直以来做的那样，从大挑战中学习，做必要的调整，不断前进。